高情商
「婚姻课」

幸福的婚姻

如何在婚姻中长期相处

杨颖 编著

扫码点目录听本书

四川人民出版社

图书在版编目(CIP)数据

幸福的婚姻：如何在婚姻中长期相处 / 杨颖编著
. — 成都：四川人民出版社，2019.10
ISBN 978-7-220-11606-3

Ⅰ. ①幸… Ⅱ. ①杨… Ⅲ. ①婚姻-通俗读物
Ⅳ. ①C913.13-49

中国版本图书馆 CIP 数据核字(2019)第 191169 号

XINGFU DE HUNYIN RUHE ZAI HUNYIN ZHONG CHANGQI XIANGCHU
幸福的婚姻：如何在婚姻中长期相处
杨颖/编著

出版人	黄立新
策划组稿	杨建峰
责任编辑	王卓熙　陈　欣
技术设计	松　雪
封面设计	门乃婷工作室
责任印制	李　剑
出版发行	四川人民出版社(成都市槐树街 2 号)
网　　址	http://www.scpph.com
E-mail	scrmcbs@sina.com
新浪微博	@四川人民出版社
微信公众号	四川人民出版社
发行部业务电话	(028)86259624 86259454
防盗版举报电话	(028)86259624
印　　刷	河北鹏润印刷有限公司
成品尺寸	143mm×208mm
印　　张	6
字　　数	136 千
版　　次	2019 年 10 月第 1 版
印　　次	2019 年 10 月第 1 次
书　　号	ISBN 978-7-220-11606-3
定　　价	35.00 元

如果每个人只有一段婚姻，那么这段婚姻大概是多少年呢？ 保守计算，如果一个人 30 岁结婚，生命的终点是 70 岁，那么两个人要共同生活 40 年。 也就是说，如果正像每个人期盼的，一生中只有一段婚姻，你要和一个人至少一起生活 40 年，那么，谁能保证你们在此期间是永远忠实于对方的呢？ 谁能保证你们之间的爱情能够持久？ 除了你自己，没有人能够为你做担保。 婚姻可以说是世界上投入最大、风险最高的事业。 对于这样一份投入巨大、风险又高的事业，想要有更丰厚的回报，就必须更加精心地经营，付出更多的心血和智慧。

如何解决婚姻中的困惑，达到长久相处？ 需要建立一个有效的机制，正像任何事业的成功都离不开有效的机制一样，婚姻也需要这样一个机制，即建立共同的有效的生活模式。 比如：如何沟通、如何交流、如何在交流沟通中达成一致？ 如果不能达成一致，那么由谁来妥协，怎样妥协？ 双方都不肯妥协的话，怎样求同存异？怎样理解和包容对方？ 怎样让婚姻长久保鲜？ 如何避免陷入婚姻的误区？ 爱人出轨怎么办？ 关于婚姻都有什么忠告？ 本书结合当今时代出现的婚恋问题做了深刻的心理学剖析，为你全程揭秘男女之间奇妙的关系以及复杂有趣的心理，解释婚姻关系中的各种现象。

婚姻生活中，夫妻之间应该心心相印、亲密无间，做到彼此信任与坦诚。 除此之外，我们还要学会为爱情保鲜，学会用偶尔的浪漫、用自己的情调来制造更多的激情瞬间，学会用浪漫来丰富生活，在恋爱、婚姻中增加一点梦幻色彩，增加一点情调，让婚恋生活更有活力，更丰富有趣。

本书告诉人们：只有爱护彼此的脆弱，才能维护各自的尊严；只有交付彼此的真心，才能获得所需的尊重。 协调和驾驭婚姻应该是每个人的本能，只不过有些人更富有智慧，让婚姻运行得更加顺畅，让家庭的每个成员都感觉更快乐、更协调，这样就会“家和万事兴”。 缺乏机制的规范，两个人就会不断争吵、妥协、反抗。 当然这种规范，是两个人之间的默契，最好达成共识，在婚姻生活中更要用心去体会、总结，才能让沟通更顺畅，婚姻更幸福。 唯有懂得爱，才会有真爱；唯有真心去维护婚姻，才能使得爱的家园绿树常青，生机勃勃。 希望每个人都能够懂得爱，拥有爱，珍惜爱，丰富爱，在爱的世界里不再迷惑和彷徨！

2019 年 8 月

扫码点目录听本书

CONTENTS 目录

01

太太学堂，怎样的女人才是好妻子

02

先生学堂，谁才是真正值得嫁的男人

03

幸福婚姻夫妻沟通的艺术

04

相处之道，创建和睦的家庭氛围

05

给平淡的婚姻加点“料”，为婚姻保鲜

06

了解婚变心理，让爱的魔力永存

07

提高警惕，切莫陷入婚姻误区

08

关于婚姻的忠告

第一章

太太学堂，怎样的女人才是好妻子

男人需要什么样的女人

西方有一句古谚语：“爱情让人蒙上眼睛。”处于婚姻中的男男女女，他们的眼睛更是被自己蒙得严严实实，并且还都觉得自己心明眼亮。其实他们的猜想和对方真正的渴望有着天壤之别。

把男人想从女人那儿得到的东西与女人认为男人想要的东西做个比较，就可以找到问题的症结所在，并由此发现解决的办法，从而可以使他们的婚姻更加美满。

男人需要在合适的时间与女人进行诚恳且充满爱意的情感交流。

诚恳的交流是男人的首选。他们希望女人诚实地回答提问，甚至是主动地提供信息。他们要女人看到事实真相，在善意的交流中将事情的原本始末告知对方。男人要的是在两性交流中不过分挑剔、注意维护彼此自尊的女人。

女人认为男人要她们做表面文章，女人对自己的愿望最好默不作声，而且提都不要提。女人认为男人害怕她们要得太多了，并且太过敏感，其实男人并不这么想。有些女人还认为男人不允许她们说出事实真相，她们也会因坦诚而被抛弃。

实际上，好男人需要的是开诚布公且不带批评和怒气的沟通。学会有效地表达你的切身需要，这是吸引男人、建立令人满意的婚姻的好方法。

男人喜欢自给自足、自食其力、充满自信的女人。男人希望女人是因找伴侣的需要而选择他们，而不是在物质及感情上像抓住一根救命的稻草般地死缠着他们。男人需要女人积极活跃、独立自主，并且拥有自己的朋友和爱好，同时，男人也会渴望与一位富有爱心的伴侣共度时光。

女人认为男人不愿女人依赖他们，甚至有的女人认为男人不需要或不珍惜他们在一起度过的时光。女人相信如果向一位男士表示她需要他，就如同给对方泼了一盆冷水，他会对自己失去兴趣，也可能会逃之夭夭。

实际上，男人要的正是女人想要的，他们需要一个完整、独立的伴侣。

男人不想在恋爱关系中被人掌控，男人也不想受到任何一种形式的操纵。他们不想费脑筋去解析爱人发出的信号。在谈恋爱时，他们不愿没准备好就被迫快速推进；他们也不愿在事情变糟的时候，被迫去承受一切指责；他们更不想在游戏中成为被动的一方。

女人认为男人不需要或是根本不要任何沟通。女人常使的手段是：通过操纵来获取所需。女人认为男人宁愿被对方一再提醒，他们的恋爱关系需要更进一步的发展。并且，男人不需要或不珍惜得到的任何赞美，所以女人倾向于喋喋不休与批评。

实际上，男人不愿长期忍受任何一种形式的操纵。想要吸引好男人并建立完美的婚姻，女人就要在生命中的每一个时期满足对方对自己的需求。在向他提出要求的时候学会掌握好时机，掌握他的情绪与作风，更要学会认可和给予赞美。

男人希望伴侣既具幽默感又有勇气，他们要女人能够在恋爱关系中拥有属于自己的空间。在感情上，她必须独立，男人要女人发展自我并对个人的情感负责。

女人认为男人只想寻欢作乐，认为男人对一段恋情的发展和成长毫无兴趣。女人认为男人要的就是超级模特儿式的女人，而且他们从未考虑过一个女人是否感情上成熟、善良、支持他们或是富有爱心。

实际上，男人需要情感成熟的女人。成熟并不意味着缺少情感，它意味着负责任地去掌握自己的感情。想要吸引一位好男人并建立完美的婚姻，就要对自己的情感负责。

男人要女人对爱情忠贞不渝，无私奉献。忠贞是绝对不可或缺的，许多人把“奉献”定义为忠贞，外加愿意为恋爱付出努力，即便是在环境条件变得糟糕的时候。

女人认为所有男人要的就是性，男人会见异思迁，投向另一张更漂亮的脸蛋。女人认为男人在对爱情忠心不二这件事上不值得信任。

实际上，并不是所有的男人都是感情骗子，男人与女人一样，对朝三暮四和“眼睛太活跃”倒足胃口。好男人知道如何建立完美的婚姻，他们也知道忠贞是完美恋情最主要的因素。

男人需要懂得如何对待他们的女人，女人亦是。许多女人对待男人的方式是打击他们的自信心，让他们觉得自己不够有男子气概。其实，男人更愿意女人在他们做对了的时候给予更多的赞美和认同，更愿意女人表达对他们的热情和感激。

女人认为男人不需要她们，不尊重、支持和赞扬她们的意见；女人还认为男人对许多对女人来说至关重要的事漠不关心。女人认为男人不愿为感情关系付出努力。

实际上，大多数男人都愿意得到女人的赞许和感激。学会认同而不是埋怨做错了什么，这是让婚姻持久的最强有力的方法之一。

婚姻中的男女，是要牵手共度一生的伴侣，相互的理解、认同、帮助和支持是最重要的，心能想到一块儿，婚姻才能天长地久。

立足现实是男人的婚姻观

现实生活的复杂性造成了男人在婚恋问题上感性与理性的背离：恋爱时追求激情与性感，结婚后回归理性与现实。

爱情是浪漫的，婚姻则不然。这是很多男人的观点。红地毯往往就是一条分界线，那边是激情，这边是平淡；那边是雅致，这边是俗世；那边是山盟海誓，这边是立足现实。

据说有一段时期，出租汽车公司在招聘司机时，把是否已婚作为录用标准之一。他们认为有家室的男人肩负作为父亲和丈夫的责任，凡事谨慎小心不容易出交通事故。而且养家糊口的男人有家庭的重担在身，一般不会突然辞职不干，于是企业的人事会处于比较稳定的状态。

一般来说，男人们开始强烈地意识到结婚一事的重要性大多是在30岁前后，对男人来说这个年龄的确是一个动荡不安的时期。

在最初踏入社会的四五年内，男人经常可以和同期毕业的校友及同期进入公司的伙伴们一起喝酒、发牢骚，借以消除疲劳，然而随着年龄的增长，相互间逐渐产生了地位差距。特别是30岁过后，仕途有望者与平庸之辈会截然分成两个圈子。如此一来，即使曾经是推心置腹的朋友，现在也不得不为新的社会关系所束缚，这种关系有可能是竞争对手关系，亦有可能是等级森严的上下级关系。总之，能够无拘无束地相处的朋友是越来越少了。

于是男人自然而然地将依赖的重心转向游离于男人社会之外的女人，希望从她们那里得到安慰。在这种情况下，男人的出发点不是谈恋爱，而是盼望着在焦虑和烦恼时，能有一位温柔的女性宽慰自己。他们由此开始追求善解人意的女性，希望找到坚实可靠的生活伴侣。如果此时身边恰好有这样一位合适的女性，男人会毫不犹豫地决定跟她结婚。

因此当听到男友提出“结婚吧”之类的要求时，女人最好不要简单地将它理解为男友对自己的爱意已经升华，而应该多设想一些其他方面的因素，才不至于到时候大失所望。

那么，进入具体考虑结婚阶段的男人一般会选择哪种女人作为结婚对象呢？

有人或许会以为绝大多数男人都会以容貌、身材作为首要条件，女方越漂亮就越受男人喜爱。

但实际上真正想结婚的男人并不那么看重外貌。长相普通，但善于料理家务、脾气好、又真心实意爱自己的女人才是男人的首选对象。当然，在此基础上如能有美丽的容貌那就更是锦上添花了。不过普通男子大都有自知之明，不会过于奢求。

在社会上得到了严格锻炼的男人，对于结婚，不像女人那样总抱有不切实际的幻想，而是以冷静的目光来观察自己的周围，为自己物色合适的对象。有一点必须注意的是，男人往往在恋爱时说的是一套，实际生活中做的又是一套。特别是在未婚妻能否与自己双亲和谐相处、能否认真地照顾家庭这些方面，男人的想法往往是很保守的。 在现实中由于双亲反对而解除婚约的例子也不在少数，在这方面男人比较顾忌周围人的评价和反应。 男人觉得：即使不顾父母的反对与某位女性结婚了，以后夹在父母与妻子之间，日子也不好过。

另外，男人们一般也不愿意父母为此伤心。 与以前相比，现在抱有这种想法的男人有所增多，这大概与独生子及一直生活在父母身边的年轻人人数的增多不无关系吧！

在公司职员中，流行着“贤妻成事”“有个好老婆，就能出人头地”之类的说法。 在邀请公司朋友来家里玩或去拜访上司时，男人希望自己的妻子能落落大方，给别人留下好印象。 男人对妻子的消费习惯、家庭环境也很在意。

男人的这种保守与立足现实的心态，与其扮演的社会角色有很大关系。 有一位八面玲珑的女性做妻子，十分有利于个人发展。 上司的一句“你妻子人挺不错的嘛”之类的赞誉之词，不仅仅是夸奖其妻子，还暗含着肯定其身为丈夫的品位。出于种种考虑，男人在选择妻子时普遍认为：长相普通但有教养的女子显然要远远胜过那些仅在外表上吸引人的女子。

总而言之，与女人相比，男人对待结婚确实更为现实，在促使其决定结婚的因素中，现实的东西多于爱情。

结了婚的男人最怕失去自由

马克思说：“一个种的全部特性、种的类特性就在于生命活动的性质，而人的类特质是自由自觉的活动。”尤其对作为社会主角与家庭主角的男人来说，剥夺了他的自由，等于剥夺了他的生命。因而，这是他最怕的。

为了婚姻的幸福，女人常常勤奋而痴情地吐出情感之丝将男人网在自己的世界里，像藤缠树那样不肯给他们半点活动的空间，但结果往往是适得其反。其实，只要给男人以足够的自由和信任，他们很容易就能和女人相处得亲密无间。

有人说，女人的手段很高明，她们要剥夺男人的自由，阻止男人有自己的生活方式，都是在男人不知不觉中进行的。起先她们还只是问问“你中午和谁一起吃饭”“刚才到哪里去了”，后来男人就会突然发现，无论去哪儿，都有她在身边，甚至有时她还会先告诉你周末怎么个消遣法呢！

结了婚的男人常有被女人监视的感觉，即使是在看书的时候，都感到女人在盯着他，这使他们难以忍受，有时候他们想去打打球也要事先打个腹稿才敢开口，生怕伤害到她。很快地，男人就步入到失去嗜好、失去兴趣的阶段，完全变得懒懒散散——生活就是早上去上班，下班回到她身边。

女人是不会发现这些的，只要和他在一起，一切就很完美。可是，有一天，他会发现自己被照顾得过于周到反而令他窒息，他想自己去选一条领带几乎都越来越不可能，只会觉得生活简直乏味极了。久而久之，他忍无可忍就会告诉他的女人，她是怎么样地限制了他的自由。可怜的女人，她还以为他这样“安分”是因为他喜欢和她在一起呢！

然而，要提醒女人注意的是，成了家的男人和女人在生活中的一些琐事上互相帮帮忙是一回事，但男人的命运是绝不愿被女人操纵的，这是一个不争的事实。很多女人是在自作主张，做了一大堆决定，事后看在“男人尊严”的分上才提出来商量，这可真会把男人吓跑。

善解人意的妻子是男人的最爱

一个女人若是能对丈夫及自己的社会角色有正确的认知与把握，能对丈夫的个性有独到的了解与尊重，能如春雨润物般地进入丈夫的内心世界，她就能够成为丈夫最爱的、善解人意的妻子。

如果说妻子各有不同，那善解人意的妻子就是时光雕刻出来的，是岁月浸润出来的，是天地自然造就出来的，是丈夫爱的目光抚慰出来的，是灵性点点滴滴修炼出来的。与这样的女人相逢是男人千年修来的机会，与这样的女人擦肩而过，是男人没有福分。

男人喜欢什么样的妻子，这也许是女人们私下里最热衷的话题了。大多数女人认为，男人们喜欢的应该是漂亮、纯洁、温柔、贤惠的妻子。但是，在丈夫心中最最渴望的是那种善解人意的妻子。

善解人意的她对人生已经有了一定的领悟，她知道躺在身边的这个男人虽然是自己今生今世的至爱，但作为一个个体的男人，他那颗心在属于女人的同时，更多的还是属于他自己；她知道，对于男人来说，外面的世界的确比家里要大得多；她还知道这个男人对自己很爱恋，但男人的事业还是胜过爱情。因此，善解人意的妻子无论在什么时候都不会把男人当成私有财产，要男人对自己言听计从；不会在男人忙于工作时抱怨男人不顾家；不会要求男人时时刻刻牵挂着自己。善解人意的妻子知道好的男人就像是在高空中盘旋的鹰，只有当这只鹰很累了想要休息的时候，才会回到女人身边。

善解人意的妻子知道男人既很刚强又很脆弱，知道有的男人把荣誉和脸皮看得比生命还重。因此，善解人意的妻子知道在男人的精神世界里有哪些禁区，总是很小心地不去跨入那些禁区。假如有一天，夫妻因某件事情吵架了，善解人意的妻子绝不会和男人斗气斗勇，更不会像泼妇一样把男人打得像只斗败的公鸡。

男人多数时候都是极具理性的，他会对善解人意的妻子心存感激。

在丈夫看来，善解人意的妻子能唱出心情的韵致，她的心灵总是更能为了激情而跳跃，为了生活的丰富美好而歌唱，无论生存处境如何，她都会用各种方法歌唱，用歌喉、用笔墨、用肉体、用心灵歌唱。歌是情感的精华，善解人意的妻子总能找到一首可以适合丈夫情绪的歌唱，为丈夫难以言说的情绪寻找到最好的出口。善解人意的妻子无论什么时候都是丈夫眼中一道最美丽的风景。

男人希望妻子是自己的“信徒”

妻子对丈夫的信任是鼓励丈夫前进的动力。而那种“信徒式”的信任，更能使丈夫战胜任何艰难险阻、锲而不舍地达到既定目标。“信徒式”的信任，可以使丈夫成为“胜人”甚或“圣人”。

男人为了到达成功的彼岸，通常都需要经过很长一段时间的跋涉，其间的苦痛挫折不可避免。女人如果能够给予他们足够的信任，即便不能缩短他们奋斗攀登的里程，也可以缩短他们心中彷徨无奈的时间。

每一个男人都需要一个“信徒”，一个在与生活顽强抗争的时候护卫着他的女人。当什么事情不对劲的时候，当处境危急的时候，当失败的时候，男人需要一个帮助他建立起抵抗力和信心的妻子，让他知道没有任何事情能够动摇她对他的信任，如果连自己的妻子都不信任他，还有谁会信任他呢？

男人在奋斗拼搏的过程中，遇到挫折失败是常有的事，但此时妻子不要怨天尤人，不要指责丈夫，而应该鼓励丈夫振作起来，重新来过，检查所做的一切，肯定已有的成绩，找出问题所在，对自己的丈夫怀有充分的信任，这样男人的自信心就会更强，困难也就无法难倒他了。这种“信徒式”的女人，对做事业的男人太重要了。它是一种信任，而不是障碍；是一种催化，并不是盲目崇拜。男人需要这种女人陪伴左右，可是时下每个男人都有这种感觉：茫茫人海，我怎么找不到这样一个女人？

男人对女人要求并不高，只是要对自己充分地信任。如果一个妻子对丈夫连这个最起码的要求也不能满足，就难以称得上是一个好妻子，幸福又从何而来？善良的女人，信任你们的丈夫，并不会让你们失去什么，只会得到更多的幸福。

男人需要女人的信任，做自己的"信徒"，女人要成为男人的坚强后盾，因为两人的幸福、和美，可能在你的一念之差中转变为怨恨和分裂。

让我们读一读福特和他太太的故事，也许会从中得到一些启迪。

19 世纪末，底特律的电灯公司以周薪 11 美元雇用了一名年轻的技工。这位技工每天工作十小时，回到家之后，还常常花去半个晚上的时间在屋后的一间旧棚子里工作——他想要设计出一种新型的引擎，他就是亨利·福特。

他的父亲是个农夫，抱着一种偏见认为自己的儿子正在浪费时间，邻居们也都说，这个年轻技工是一个大笨牛。没有人相信他笨拙的修补能够创造出什么惊天动地的东西。

但他的太太非常信任他，给了亨利·福特极大的勇气继续进行自己的工作。当每天工作做完之后，他的太太就在小棚子里帮他做研究。冬天天很早就暗了下来，太太为他提着煤油灯照亮，冻得牙齿直打战，手都冻成了紫色，但是她相信亨利·福特的引擎总有一天会设计成功。

在旧棚子里艰苦工作了三年之后，这个稀奇东西终于与众人见面了。1893 年，亨利·福特和他的太太乘坐着一辆没有马的马车，在路上摇晃着前进，邻居们都被这一景象吓了一大跳。

从这一天起，一个新工业就诞生了，它对整个世界产生了深远的影响。如果我们认为亨利·福特是这个“新工业之父”，福特夫人，当然就有权利被称为这个“新工业之母”了。

几十年之后，当有人问福特他的希望是什么时，他说：“只要能够和我的太太在一起。”他终身都称他的夫人为“信徒”，而且希望永远和她在一起，相伴相依。

男人的择偶心理类型

男人的择偶心理各不相同，而且并非单一的心理类型，常常是复合的，由许多心理交织而成，仅仅是以某一种心理倾向为主而已。不过，这种极其复杂的择偶心理，关键还是在于一个人的人生观、恋爱观和价值观等因素。

1. 以事业为重的择偶心理

事实上，人人都很重视这一点，都盼望自己的对象可以变成栋梁之材，在事业上出人头地。现在，普遍来看，具有这种择偶心理的男人人数很少，但是在知识分子群体里，仍然大有人在。他们往往把事业进展看成人生最大的快乐，把对方有没有事业心与进取精神，当成择偶天平上一个重要的砝码，把爱情的幸福寄希望于事业的奋斗中。这种爱情因为事业的永恒性得以获得永恒。

2. 追求精神满足的择偶心理

随着社会文明的不断进步，人们的文化素质不断提高，具有这种择偶心理的男人愈来愈多，他们往往看重对方的思想感情、性格爱好等，追求双方在心灵层面的沟通与感情的融洽。一旦能在精神上获得愉快与满足，就算对方的经济条件、身体状况有所欠缺，也都能够接纳。

3. 金钱至上的择偶心理

这种择偶心理十分普遍，特别是在经济落后地区。他们往往把对方的经济状况放在第一位，他们的婚姻往往是为了获得一个可以满足吃、穿、住、玩需求的安乐窝。这种建立在金钱基础上的婚姻，是非常脆弱的。事实上，经济条件是会改变的，它往往由于对方丧失了优厚的物质条件，从而失去了心灵的凝聚力，结果不得不散伙。

4. 寻找政治靠山的择偶心理

这种心理在封建社会是十分普遍的，他们往往通过婚姻来打通仕途，或者通过婚姻来巩固裙带关系，也就是所谓的政治联姻。目前，尽管这种择偶类型不太普遍，可是在现实中仍然存在。他们不注重双方的情感与思想能否相容，更不注重是不是什么知音，而是把隐藏在婚姻背后的政治动机放在择偶条件的第一位。

5. 追求外表美的择偶心理

持这种择偶心理的男人都希望自己的妻子再漂亮一些，这是人之常情。可是，一味地追求外表美，往往会走上歧途。靠对方的漂亮外表而产生的爱情，是很短暂的。爱情往往伴随着外貌的衰老而衰亡，就像歌德说的：“外貌美仅仅能够取悦一时，内心美才能历久弥新。”

6. 十全十美的择偶心理

有的男人选择对象的时候，事先制定了许多标准，条条框框很多，只要不符合其中某些条件，就算其他方面都中意，仍然不在考虑范围。具有这种择偶心理的人以年轻的初恋者为多，不过这种心理很可能会令他们变成大龄单身青年。

7. 游戏择偶心理

持有这种心理的男人以恋爱为名义，玩弄对方的感情，他们的恋爱观是腐朽的，往往浑噩一生都不能享受到真正的爱情。

男人不愿娶的女人

男人在选择配偶的时候，内心的感情是非常复杂的，虽然年轻时男人对于感情总是非常冲动，但是一个成熟的男人，在选择配偶的时候，他所考虑的问题要复杂得多，也实际得多，而且一些在人们眼里非常优秀的女人，恰恰又是成熟男人不愿意娶的女人。

1. 学问比自己高很多的女人

男人在谈恋爱时，找个有一定学历的女人是必要的，但如果对方的学历比自己高很多，就有些不妙了。因为女性的受教育程度太高，她的高傲往往便会达到使男人无法忍受的地步。不但这样，假如你有什么建议，提出来研究，她准会摆起一副博士的架子，向你“哼”一声，甚至说你的一切建议完全没有理论基础。

男人总会牢记一点，凡是口里经常挂着“理论基础”而自命不凡的女士，切勿和她谈情说爱，要是这位女士还有什么值得自豪的学历，那就更要敬而远之。

2. 过分漂亮迷人的女人

一个男人一生辛劳，其目的大概是一为名利，二为美人。

一个男人若能娶得美人归，会在心中大感兴奋。但过分漂亮迷人、到处惹男人行注目礼的妻子可能会给他带来两种灾难：

（1）让自身消磨。首先，妻子太美，很多男人就容易满足，若就此安于现状，不思进取，往往一生没有什么成就。弄不好，连妻子到最后都不会留在他身边，那就全完了。其次，男人对这娇妻疼惜有加，百依百顺，最后就没了男人气概，丧失了主见，成了任由娇妻摆布的傀儡。第三，整天想念着娇妻，恋着那份温柔，很难专心工作，而且还时时存在不安全感，潜意识里害怕娇妻跑了，或怕别人会来勾引她。弄不好，惶惶不可终日，恨不得每时每刻都陪在娇妻身边才好，失去了很多本属于男人的东西，很多事也就做不成了。

（2）惹来嫉妒的女人。娶娇妻会惹来他人嫉妒，这是很自然的事。有句俗语："子女是自己的好，老公老婆是人家的好。"明摆着一个美人儿，那就更惹同事、邻居、亲友眼红。人的心理有时很奇怪，明里说不出口，暗里就会对你加以排斥。你自己固然弄不明白在什么地方得罪了同事、上司，而排斥你的人也未必能够说清楚，其实就是一种心理在作怪——嫉妒。你上司的妻子要是个丑八怪，他说不定还给你小鞋穿，其实你并没得罪他，惹他不舒服的就是你妻子太漂亮了。因而你要知道，美妻可能会给你带来一批敌人。

3. 洋娃娃型的女人

这类女人一脸孩子气，外表已经成熟，内心却极其幼稚。这种女人天真快活，无忧无虑，有人爱她更是得意非凡，却不是个管家的人。男人娶了她，得准备亲自操持家务，家中才可能井井有条。因为这类女人的孩子脾性会一直保持到中年以后。当然，如果男人只是想找个温柔的小女人回家疼爱，那这类女人倒是挺合适的。

4. 情绪化型的女人

这类女人十分情绪化，一会儿滔滔不绝，一会儿沉默寡言；一会儿神采飞扬，一会儿黯然神伤；一会儿对什么都感兴趣，一会儿又会对什么都兴味索然。她们的感情非常易变，而且来得骤然激烈，叫人无法捉摸。如果没有相当的宽容大度、男子气概和震慑力量，最好别与她结为夫妻。

5. 女强人型的女人

中国人形容女性的柔弱为“小鸟依人”，西方的说法为“永远攀附着葡萄架”。女强人与这类人品性正好相反，已趋向于明显的男性化：醉心于事业，且有指挥他人的欲望。如果你没有令她佩服的素质、智慧和能耐，那蜜月过后，你会慢慢发现自己竟成了她的附属品，而这种感觉往往令男人难以忍受。

6. 拜金型的女人

这类女人只看钱。男友的钱在她身上花得越多，她就越有征服感，而且征服欲也就越大。待男友实在支持不住，她就会离他而去，再找另一个男人。可见这类女人拜金，而金钱却未必能买到她的爱。她愿意做你的妻子，十有八九是因为你财大气粗；待她碰到个比你更财大气粗的人，或待你变得

“财少气细”时，她说不定又要飞向别的枝头了。

7. 太过精明的女人

本来做事精打细算是一种美德，然而，过分精明就变成吹毛求疵了。这类女人在恋爱期间，也许竭力掩饰自己的品性，一旦结婚之后，那种精明过分的性格就会表露无遗。当你想和她谈情说爱之时，她却摆起一副主妇架子，挑剔别人，吹毛求疵，你想想看，这样是否大煞风景？

总之，过分精明的女人，在她的脑海中什么也没有，除了一把算盘。这种妻子永远不知道安慰枕边的人，除非你是一个事业家，打算找一位兼做助手的妻子，才会对这种女人有兴趣。

8. 富婆

如果你的妻子有钱，你却是一个穷光蛋，碰上了她的小姐脾气发作，那就够你受的。根据常理而论，凡富家小姐，多数是终日研究“驭夫术”的女人。除非你做好了准备要受女人的气，不然的话，还是不要和太过富有的女人结婚吧。

9. 自我感觉太好的女人

“自我赞美型”的女人不可选择作为对象。这一类型的女人，总是不时面对明镜，为打扮自己费尽心思而对其他一切漠不关心。为了化妆而花费个把小时是常有之事。不但为此大耗时间，也大耗金钱。这些人大都对自己的魅力过于自信。有的虽然对自己的整个状态、容貌没有信心，却至少对自己的某一部位有信心。就算没有足以骄傲的容姿，她也肯花大把金钱，做人工的补救，设法使自己更美丽。于是，昨天去烫头发，今天到美容院做美容术、美容体操，明天嘛，打算到女装店试装……她最喜欢成为众人注目的对象。如果男士们对她大献殷勤，或巴结、奉承，她就眉开眼笑。因此，具有自恋倾向的妻子，对丈夫的朋友、四邻的先生、英俊的推销员，常常露出娇态，或大送秋波，或眨眼示意……丈夫的呵护、疼爱，她喜欢，但是，要她对丈夫献出所有的爱心，那就要看她丈夫的造化了。

如何做个魅力妻子

每个女人都有其潜在的魅力，但要让她们在一言一行中展现出其所特有的魅力却有些难。据调查，尤其是那些已为人妻的女人，大多数表示：都老夫老妻了，何必再有魅力呢？魅力只是恋爱中的男女才在乎。也有少数妻子很注意自己的言行，并善于在言行中展现自己的魅力。当然，那些结了婚就不再注意自己的言行、忽略魅力重要性的女人，婚姻大都很不幸。其实我们不难看出，一个女人，即使你再任劳任怨，如果不在乎自己的言行举止，忽略女性所潜在的魅力，那么她的婚姻也不会很幸福。有哪个男人喜欢与一个横行暴戾、没有“女人味”的女人在一起过日子呢？即使有这样的男人，那也不再是出于爱，而是出于对婚姻的承诺。这样的女人是可悲的，她已为婚姻付出了全部，可却没有得到应有的回报。当然，一个女人的魅力是在她一言一行中不经意间流露的，而不是刻意、做作、装出来的。

那么，作为妻子，怎样才能在一言一行中体现自己的魅力呢？林语堂先生在《心灵之美》一文中引用过莎士比亚的一句话来概括：“赢我之爱情者，在妇人之诚挚，不在其容貌之美。”通过这句话，我们不难看出，在大多数丈夫的眼里，妻子的心灵美要比她的外貌美重要得多。

如何做个有魅力的妻子

做个聪明而博学的妻子

才女的冰雪聪明、玲珑剔透令人折服。有魅力的妻子大都知识面广，有说不完的话题。

做一个理想的贤妻良母

她热爱家人，家庭是她的人生中最重要的一部分。

做一个乐观而自信的妻子

工作中，她勇敢干练、自信从容。

1. 做个聪明而博学的妻子

才女的冰雪聪明、玲珑剔透令人折服。有魅力的妻子大都知识面广，有说不完的丰富话题，天文地理、科技人文，侃侃而谈，绝不会令他人感到琐碎无聊，并且她的谈吐与修养也是最能征服别人的。她更知道书能给她智慧，在经营好婚姻、家庭的闲暇，她会到书店去逛逛，认真地挑几本可以提升自己见识的书籍买回家阅读，不管是名著还是理财或励志方面的书籍。她相信书可以丰富她的生活，改变她的思想，开阔她的视野，给她带来乐趣。一本好书，胜过一个优秀的辅导老师。

2. 做个有丰富生活内涵的妻子

她在举手投足间展现着含蓄深沉、温柔善良的特质，她能给人一种亲切随和、赏心悦目的韵味。不但她自己对生活充满着热情，而且还会唤起别人对生活的热情，从而使自己和他人的生命变得更加光彩照人。

3. 做一个乐观而自信的妻子

工作中，她勇敢干练、自信从容。生活中，她会是一个有着明确的生活信念和人生方向的人，她更会是一个懂得关爱自己和他人、始终保持乐观生活态度的人。

4. 做一个生活独立的妻子

她不屑只做绿叶去衬托红花的艳丽，也不屑只做一弯静静的月亮去反射太阳的光辉，她更不愿只做男人的附庸和陪衬。她应该独立于世，有自己的见解，有自己的思想，有自己的人格和意志。可以想象，一个事事依赖于丈夫、没有自尊、不能自强的妻子，必定会如花瓶里的花朵，很快枯萎。

5. 做一个善待自己的妻子

在任何时候她都不会伤害自己，事业受阻只会带给她短暂的失意低落，她不会因此而消沉或放纵。她爱惜自己，知道良好的健康状况对人的重要性，她常积极地参与运动以保持自己良好的身材，她不会吝惜花在保养自己容貌及身体上的金钱与时间。她有极好的生活习惯，抽烟、饮酒、通宵达旦地宴饮狂欢都不会发生在她身上。她从不因为物质的满足而放弃精神的追求，相反是物质基础使她更有实力建构自己的精神世界。她洞悉一切的成熟，使她为人处世亦庄亦谐、游刃有余。

6. 做一个有道德标准、能坚守原则的妻子

她乐于接受别人的意见，对无伤大雅的越轨也能一笑置之。然而人云亦云、毫无主见地随波逐流却为她所摒弃。她不会意乱情迷，丧失道德，她不屑于插足别人之间，绯闻从来都离她很远。

7. 做一个敏感而不多疑、能很好地控制情绪的妻子

她细致入微，反应敏捷，但不疑神疑鬼。她能在任何时候深吸一口气，告诫自己不要惊慌失措或乱发脾气。她不会将个人的事及坏情绪带到单位，或者将单位里的不愉快延伸至家中。

8. 做一个理想的贤妻良母

她温柔、内敛、善解人意，安静、沉着、细腻，注重生活细节。她热爱家人，家庭是她的人生中最重要的一部分。她从不羡慕男人和事业女性，只专心又平和地折着手里的纸鹤。

9. 做一个具有独到品位的妻子

她不是脸蛋长得最漂亮的，可看上去赏心悦目。她不追求潮流，却能独具匠心穿出个人品位。她能表现出内心的成熟与丰富，像一杯醇厚的红酒，令人微醺。可能很多女人会觉得品位与时尚、奢侈品是挂钩的，其实不然，品位是一个人观察事物时的态度，同样的东西，不同的人眼里会出现不同的版本，物品本身的价值与品位的高低是没有关系的，所以，她会用自己的目光去欣赏一件东西，用高雅的品位去挑选东西。在某种程度上，一个女人的品位与她的气质是相辅相成的，品位的高低反映为一个女人在日常生活里对新事物的发现。魅力女人知道一件廉价的饰品只要戴出了属于她的另类，也能够表现出自己的品位，打造出属于自己的魅力。

所以，无论你的容貌美与丑，在时间的磨砺中都应该培养出一种独特的唯你才有的优雅气质，这种优雅的气质会在你的一言一行中不经意地弥漫开来，它会像一个无形的精灵，紧紧抓住丈夫的感官，并悄悄潜入他们的心灵，让他们愿意走近你，接触你，更深刻地了解你。记住，女人可以一时不美丽，但不可以一世无魅力！要想抓紧婚姻这根绳，你必须有魅力。

第二章

先生学堂，谁才是真正值得嫁的男人

女人愿嫁什么样的男人

我们都知道，在爱情这张餐桌上，红苹果、青苹果，只能尝一个。有一句颇为流行的话：三个牧童，必谈牛犊；三个男人，必评女人；三个女人，必论丈夫。女人们聚在一块谈论最多的恐怕就是自己的男人，谈来谈去，她们往往会得出一个颇为现实的结论：我家的男人比不上你家的男人。遗憾的是，这世上其他什么药都有人卖，就是没有卖后悔药的。其实，女人的这种误区，就在于在爱情这张餐桌上，她们尝了红苹果之后还想尝青苹果。弱水三千，你只能取一瓢饮，生活中的男人有好多类，你只能选择其中的一类和你同奏“锅碗瓢盆交响曲”。

1. 会挣钱的男人

这类男人往往是在生意场上闪、展、腾、挪的，经过自己的一番拼搏、创业，他们实现了财富自由。若嫁给这类男人，女人肯定会拥有一份珠光宝气、贵妇人一样的衣来伸手饭来张口的生活。但是，身为商人妇，需受许多苦，包括长时间独守空房之苦、某一日男人给你“十万雪花银”再搭配一张离婚证书之苦、老公在外出轨之苦……这样你就是再锦衣玉食，也会觉得自己不幸福。你会发觉自己像金丝笼里的鸟儿一样，不能自由地飞翔，不能自由地鸣叫，你会忍不住为自己的命运痛哭，会认为自己嫁给这样的男人真是亏了血本。

2. 事业型的男人

这类男人往往是受人尊敬的，他们认认真真、兢兢业业，一心扑在工作上。嫁给这类男人，女人们会觉得自己的生活很稳定。但日子一长，女人们可能会发觉自己的日子怎么越过越贫乏，家务活也是越做越繁重。别人的丈夫，可以天天准时下班回家，帮自己接孩子，帮自己照看老人；别人家的丈夫，可以在自己生病的时候，陪着上医院，而自己家的男人却一心扑在事业上。人心都是肉长的，再贤惠的女人也会扪心自问：嫁给这类男人，到底要付出多少青春？

3. 浪漫型的男人

这是最易让人着迷的男人类型，他们的舞跳得好、歌唱得棒，说话会往人心上碰。在枯燥的生活面前，尽管浪漫是很好的调味剂，但它毕竟不能吃得太多。女人们在接受男人的赞美之词的同时，也会思忖：这些话是否又会在别的女人面前复述呢？婚后的女人更喜欢男人用说一堆漂亮话的时间去干点家务活。倘若你一味地对妻子“浪之漫之”，那么女人只会感觉你有太多的“奶油味”，后悔自己当初何不找个实在的男人。

4. 现实型的男人

这类男人在现实生活中是司空见惯的。他们大多无多少进取之心，在办公室里，公家的活可做可不做，但家务活是绝对和老婆共同分担的，你炒菜我便煮饭，你拿筷子我便端碗，严重一点的实行夫妻 AA 制。若嫁给这样的男人，女人也是无多少话可说的，因为居家过日子，谁不求个和谐与轻松呢？但是，一旦自己的丈夫普通科员一当就是十来年，且有继续默默无闻之势，女人的心理就有些不平衡了。

从以上各点不难看出，嫁给哪一类男人女人都会觉得不满足。事实上，对于女人来说，只要你所嫁的是那种敢把“我的真心放在你的手心”的男人，那么，不管他属于哪一类，你都不会吃亏的。

女人愿嫁什么样的男人

事业型的男人

这类男人往往是受人尊敬的，他们认认真真、兢兢业业，一心扑在工作上。

浪漫型的男人

这是最易让人着迷的男人类型，他们的舞跳得好、歌唱得棒，一开口就能抓住你的心。

现实型的男人

这类男人在现实生活中是司空见惯的。他们在办公室里，公家的活可做可不做，但家务活是绝对和老婆共同分担的。

认真识别敏感多疑“家暴男”

如果你身边的男人在家会突然暴跳如雷地骂你，或者摔东西，动不动就拿你出气开刀，那基本上都有家暴倾向。

有成瘾性恶癖的男人不能要，这些恶癖包括吸毒、赌博、施虐、严重酗酒。这些成瘾性恶癖会让一个人性格改变，情绪失控，人格扭曲。

家庭暴力中超过 25% 来自人格扭曲，而成瘾性恶癖几乎 100% 会导致一个人的人格扭曲，这让家暴的发生率高得惊人。

在家庭里面，无论谁都有生气的时候，都有激动的时候。但要控制住自己，不去动手伤害家人，靠的是什么？是控制力。控制力是什么？就是基本的道德底线，这是一个人的基本控制能力。

如果你身边的男人从来都无视亲人，完全冷血无情，不忠不孝，那么当他激动起来的时候，伤害家人就成了家常便饭，家暴简直就是他发泄情绪的利器。换句话说，他根本不爱家人，也不爱妻子和孩子，那么他不高兴的时候，当然会打你。

还有一种类型的男人，他们把自尊心看得比生命还重要，这样的男人会为了维护自尊而实施家暴。

他们敏感、多疑、要面子、占有欲强，更不信任女人。

所以在这样的男人身边，你永远不知道哪件事情会伤害到他的自尊心，也永远不知道哪件事情会让你挨打。

当一个男人把面子看得比生命还重要时，他身边的人一定是有危险的。因为只需小小的谣言，就可以击破这个男人的防线，让他把你当作敌人。

最后的一个特征，也是医学上认定的一点：躁狂症、抑郁症、精神分裂、更年期精神病，这些都可能带来家暴。

这些疾病是可以通过医学认定的，在平时的生活里也很容易分辨出来。对于女孩子来说，找一个正常的男朋友，不要找脾气古怪的男友，找开朗活泼的男友，不要找阴郁难处的男友，这也能有效地规避这些问题。

值得警惕的是，家暴永远是循序渐进的，一开始，这类人可能只是在家情绪失控发发脾气，但慢慢地，就开始轻微的动手，再后来开始打耳光，到了最后，情绪一失控就什么都能做出来。

不要姑息"家暴男"，犯一次就分手，家暴具有成瘾性，会复发，而且会一次比一次严重。珍爱生命，远离"家暴男"。

女人不能要的男人

女人在日常生活中，会碰到形形色色的男人。从一个女人的角度来看，以下十三种男人要小心对待，谨慎处理。

1. 装酷、装深沉的男人

他们经常是一副莫名痛苦的模样，愤世嫉俗。这种男人是要不得的，事实上他们生活在自以为是的悲惨世界里，痛苦得死去活来，追求一种永远也到达不了的境界。他们与女人相处的时候，总是若即若离，使女人痛苦不堪。他们善于欺骗向往爱得轰轰烈烈的女人，可是，这种爱情仅仅是昙花一现。

2. 过分追求事业的男人

有事业有地位的男人是最受女人青睐的，可是过分看重事业的男人，往往会牺牲个人情感，而选择那些能够在金钱、权势和能力等方面助他们一臂之力的女人。这种过分追求事业的男人择偶是有条件的，因而不是真正能够患难与共的伴侣。

3. “浪子”型的男人

他们交际很广，从来都没有打算一辈子守着一个女人。

可是“男人不坏，女人不爱”，许多“不信邪”的女人往往跃跃欲试，想用真情或者纯情去捆住他们，这只不过是一厢情愿的做法。

4. 大男子主义的男人

他们对女人呼来喝去，一副“大丈夫何患无妻”的模样。这种男人如果只是表面上这样，而你的确爱他，那就迁就维护一下他的尊严吧；如果骨子里也是如此，那么做他的妻子就惨了。

5. 油腔滑调的男人

这种男人甜言蜜语，虚伪地恭维每一个女人，使人浑身起鸡皮疙瘩，没有一点诚意。可是，许多女孩就喜欢这一套，被灌得迷糊了，还在偷偷地沾沾自喜。[illegible]

应酬，[illegible]

6. [illegible]

[illegible]

之间是不[illegible]己或者好妹妹都事无巨细地照顾，无疑会没有更多的闲暇顾及你。不信，你试试就知道了。

7. 太注意自己形象的男人

这种男人穿着隆重得体，出门以前总是梳三次头再照三次镜子。说明他最关心的人是他自己，而且十分自私，很少会顾及女人的感受。

8. 有恋母情结并且女性化的男人

这种男人在幼时和母亲接触太多或者是太缺乏父爱了，所以在长大成人后什么事都依靠母亲。他们缺乏独立的意识，应变能力很差，做事没有充足的信心。因为过于恋母，他们的行为与心理都变得女性化。和这种缺乏男子汉气概的男性交往，你不仅感觉他不像男人，也会觉得你越来越不像女人了。

9. 志大而才疏的男人

这种男人好高骛远，追求完美的生活和成功的事业。所以他们按照社会的期望把自己的生活安排得很满，工作、交友和娱乐活动都不曾错过，并且都想赶在潮流的最前沿。而往往他们缺乏内涵，没有真才实学，因此才让许多事情来充塞时间，给你一种成功男士的假象。你如果和他在一起生活，时间一长就会发现他只是一个假好男人，这种男人一生都不会有什么出息。

10. 不修边幅的艺术家

这种男人非常有才华，他们具有丰富的想象力，往往成为令众人仰慕的艺术家。他们觉得自己独一无二，行动与思想都非常另类。但是他们却不太注意外表，或许想体现自己的与众不同，留着长发，衣服也很破烂，很长时间不洗澡的样子；并且他们太陶醉于艺术创作之中，很容易忽略你的存在。

和他生活在一起，你往往感到这并非真正的生活，你根本不能接受他的想法，你更无力去改变他。

11. 急于结婚的男人

这种男人往往和你约会几天，甚至几个小时以后便会向你求婚。刚开始的时候，他会表现得非常绅士、非常浪漫，他会与你在沙滩上漫步，送你一束鲜花，替你预备晚餐，一本正经地说“我爱你”。可是如果你真的嫁给了他，就会发现他所做的一切全是表面化的。结婚以后，他马上会完全改变，总是挑剔，喜怒无常，并且他从不认为自己有错。因此，对于这种男人应该趁早避开，特别是经过多次婚姻的男人。

12. 金钱至上的有钱男人

他们什么事都以金钱为第一，似乎有钱就有了一切，物质上全都满足了，精神上却十分空虚。和这种男人在一起，女人往往会变成傻子，精神也会十分空虚，喜欢把自己的物质条件向其他女人炫耀。

13. 心理不健全的男人

心理不健全的男人绝不要选择为结婚对象，与他们一起生活非常痛苦。常见的心理不健全的男人有以下几种：

（1）心胸狭窄：不准妻子和其他男人有接触。

（2）心理阴暗：为了达到目的，往往使用卑劣手段却不以为耻。

（3）胆小懦弱：无所作为，被别人看不起。

（4）酗酒赌博：没有理智，容易被别人摆布或者受环境影响，对妻子缺乏温存。

（5）举止轻浮：对两性关系看得非常随便，经常玩弄女人。

（6）非常吝啬：需要花钱的时候不花，对每一分钱都控制得很紧。

选择生活伴侣是一件终身大事，女人绝不能草率行事，否则的话，婚后一定会造成许多矛盾，不仅婚姻的美满无从说起，还会导致家庭的破裂。

有一种男人，他们尽管不善言辞，可是对你却关怀备至，能够全心全意付出，能够接受你的优缺点，愿意和你平凡地度过一生。这种男人是值得信赖和托付终身的，假如遇到的话，绝不要再瞻前顾后，追求浪漫了。因为，生活是现实的。

总之，男人和女人在任何时候都是双向选择的，任何的不理解与一厢情愿，都会损害对方的感情。最好的做法就是，顾及双方的情绪，不要自以为是。

以情治家万事兴

家，是讲情的地方，不是说理的地方。夫妻之间若要论理，则家无宁日。

有一对老夫妻，当他们得知儿子要结婚的喜讯时，心里非常高兴，但因为相隔千里，夫妇俩不能去参加儿子的婚礼。他们给儿子写了一封长信，把自己多年的生活体会告诉了儿子，信中说："我们送你一份新婚礼物，那就是我们生活的体会。这个体会就是：家，不是一个讲理的地方。这句话乍听起来很没有道理，但千真万确。这句话是至理名言，是多少夫妇、多少家庭，经历了多少岁月、多少辛酸、多少爱恨、多少是非曲直，在纠缠不清、难解难分的混乱中，总结出来的一个结论。当夫妇之间开始据理力争时，家里便开始布上阴影了。两人都会不自觉地抱着一堆歪理，敌视对方，伤害对方，最后只能两败俱伤。"

有人总结，世界上有三种人不讲理：一是疯人，二是精神病人，三是爱人。这句话仔细想想也有道理。爱人为什么会不讲理呢？这里有感情的依赖和信任。这里，"情"与"理"，就不可思议地对立起来了。

恋爱的时候，男人对女人的不讲理是最能容忍的。某些情况下，女朋友的蛮横、赌气、吵吵闹闹，往往会成为爱情中的小插曲，成为点缀品，成为爱情小溪中的涟漪。可是，女友成为妻子以后，她们大都还在做梦，时不时还想跟丈夫赌赌气、耍耍小性子，“不讲理”时还想让丈夫来哄着她、让着她。这时候，最可悲的是，她们的丈夫却不是那个恋爱时处处让着她的男孩子了。他们生气了，憋足了劲儿要跟老婆“讲理”。没想到，这“讲理”的过程，竟然变成了夫妻彼此伤害的过程。

有人说，男女两性在感情的历程中路径不同：男人往往是从温馨的春天很快进入炎热的夏季，而炽热的情火在燃烧之后又很快进入成熟的秋季，接着，很快走入冬季；女人不同，她们更多的时候是在春日里徘徊，进入燃烧的夏季后，她们不是慢慢走入秋日的成熟，而是缓缓地转回春季，继续在温暖的春光中流连忘返。

这话对不对呢？有一点可以肯定，很多女子，即使是那些十分优秀的女人，在自己的爱人面前，感情都是非常脆弱的。有一位中年女性，在单位做领导工作，平时，她待人谦和，处理问题明是非、有条理，对待亲朋好友也是尽心尽力，在人群中威信颇高。可是，在自己家里，尤其是在自己丈夫面前，她却常发脾气，有时竟无缘无故地和丈夫怄气。起初，丈夫很不理解，说：“你这么个明白人，怎么就跟我不讲理呢？”她想了一想，说：“我不跟你发脾气，跟谁去发脾气呢？”这是一个妻子对丈夫说的话。这里既隐藏了深厚的爱，也有许多依赖和撒娇的成分。作为男人，要懂得爱自己的妻子，懂得在妻子“不讲理”的时候宽容一些，这是一个丈夫走向婚姻圣坛的第一课。

有一位女子经常回忆她婚姻中的一段故事，多少年后仍记忆犹新：那是一个秋日微凉的黄昏，刚跟丈夫怄过气，她披散着一头湿漉漉的乱发，站在院子当中，让风使劲儿吹着。丈夫拿着电吹风从房里走出来，说："过来，坏脾气的妞！"她一腔闷气顿时散了。丈夫突然说："也许，几十年后的一个黄昏，你一个人独坐的时候，会想起眼前的这一刻，而我，已先你而去了。"她听了这话，好像突然明白了丈夫心中的那一份痛惜的感觉。俗话说：修百年才能同舟，修千年才能共枕。而千年之后又能相守几时呢？为什么轻易伤害的总是最亲爱的人呢？只是因为，只有这个人会一次又一次地原谅你，因为这颗心永远不会背叛你……

善待爱唠叨的妻子

常言道：清官难断家务事。主妇的婚姻角色助长了忧郁症，主妇角色被认为是妇女忧郁症的一个来源。家庭主妇的许多事情是不富挑战性的、重复的，始终没有成就感。家庭主妇在心情烦躁时，往往会把怨气、怒气发泄到丈夫身上。家庭生活中，丈夫们不能理解的是：为什么妻子总是不满意？为什么她会没完没了地埋怨、唠叨？对此，他们深恶痛绝，并消极抵抗，在极度厌倦时，他们甚至想逃出家庭。丈夫们的消极抵抗会加深矛盾，使夫妻关系进一步恶化，无助于婚姻的持续。那么，当妻子心情烦躁、情绪不佳时，在妻子絮絮叨叨没完没了时，丈夫们究竟应该怎么做才合适呢？

身为人夫，应该抚慰你烦躁中的妻子，爱护你情绪不佳时的女人。但是，抚慰和爱护是要讲究方法的。有时候，在她相当烦躁甚至失去控制的时候，你别理她，万万不可火上浇油。过一阵子，她情绪平稳之后再说。一些已经成家的男人，私下里时常抱怨，说他们在家里难得清静。而妻子一旦对丈夫起了疑心，燃起妒火，更是刨根问底没完没了，害得丈夫有口难辩。这时候他们心里就想，如果碰上一个善解人意的妻子有多好。若是男人们这样想那可就麻烦了。

据调查，啰唆型的女人大都是性格严谨、持家有方的妻子。她们大都很能干，对待丈夫、孩子有责任心，而且有牺牲精神，勇于挑重担。她们不会撒谎也不爱撒谎，训人没有诀窍，对丈夫以诚相待。相反，有一种“善解人意”的女人往往会耍小聪明，表面上她们温柔可爱，丈夫有什么想法，或者有什么要求，她们能很快领会，而且能满足对方。但是，这样的妻子往往和丈夫耍小心眼，有时连一句实话都没有。如果她撒谎成为习惯，说不定会做出让人意想不到的事情。由此看来，至少唠叨啰唆的女人是正直可靠的女性，而处处顺着你的女人不见得就是理想中的女人。这并不是在替女人的絮叨啰唆寻找理由，只是想告诉丈夫们，任何一个妻子都不是十全十美的，如果她的唠叨不是致命的缺点，你可以用“管她呢，过阵子就好了”的办法去对付。女人的唠叨，有的是诉说家庭事理，有的是出于对丈夫的关心，有的是夫妻间沟通感情的絮语。因此，不能说女人的唠叨都是多余的。当丈夫的听听妻子的唠叨又有何妨？现在的女人，每天和男人一样在外面工作、劳动，而回到家里，她们又要承担起繁重的家务。在家庭中，男女的劳动量如此悬殊，女人唠叨几句在所难免。做丈夫的应该主动承担家务，帮助妻子减轻思想上的包袱和心理上的重负，同情、安慰、理解妻子，这才是对妻子唠叨的最好回应！

“怕老婆”与“尊敬老婆”

一天，一群哥们在开玩笑，突然一人问老张：“你怕老婆吗？”老张为此一怔，不知该怎么回答。这实在是个可笑可气又可怕的问题。你无论怎样回答都不妥当。全世界的妇女都在为受压迫、受歧视和男女不平等而抗争，可是全世界的男人似乎都在怕老婆，这个世界真奇妙。

老张五大三粗，不用说一个老婆，就是 3 个老婆也能一拳打翻在地，绝对是一个能让老婆怕的男人。但坦率地说，在身娇体弱的妻子面前，老张却觉得势均力敌，怕不怕老婆不是比劲儿大，而是一种“心理定势”。在社会上看一个人是看干事业的本事，而在家里则主要看你的生活能力。你在社会上当官当将，叱咤风云，在家庭生活中却是笨蛋一个。在家庭这个小世界里，大多数男人都处于劣势，其原因就是“老张们”的生活能力太差。老张本人就是差中之差的一个代表。有一次妻子外出 10 天，留下老张和孩子在家。买菜、买粮、做饭、倒垃圾、拾掇家，忙得老张业余创作也停了，会议也请假不去了，但还是手忙脚乱，丢三落四，结果孩子饿得小脸瘦了一圈，家里弄得狗窝一样脏乱。妻子回来第二天，家里就面貌一新，溢出饭菜的香味。老张突然感到妻子是多么可敬！是多么有能耐！同样都有工作，可她每天都在付出比自己多几倍的艰辛劳动。当千千万万个丈夫上班工作时，千千万万个妻子也在上班工作；当千千万万个丈夫喝酒饮茶打扑克时，千千万万个妻子却继续为家务而劳动着。由于传统习惯，人们很少因这种不公平的现象而有异样感觉。相反，一旦丈夫们干点家务，竟大受嘲笑；如果街头路灯下面一群妻子围在一起吆三喝四地打扑克，而她们的丈夫则在家里做饭哄孩子，人们就会大吃一惊，愤愤然地觉得这个世界太不像话了！

也许，男人们会为自己辩解，“老张们”有体力，能干沉重的工作，然而，生活中更多、更持久、更折磨人的却是并不沉重的日常工作，这是需要耐力和韧性的劳动。说句公道话，女人是这种劳动的自觉牺牲者。有了女人默默的牺牲，男人们才得以轻装上阵，在外面的世界成就大业，成了英雄。有些丈夫得意之时，忽然良心发现，慷慨唱道：军功章上有她的一半。不客气地说，这是空口说安慰话而已，其实是不算数的。妻子们在晋级评职称的表格里能填上曾获过半枚军功章吗？这能作为晋级评职称的理由吗？无论唱得多么响亮动情，军功章完整无损还是丈夫自己的。你不能不承认，在当今的世界，女人比男人活得辛苦。通过对这种辛苦的思索，老张想到他的母亲，想到他的姊妹，想到他的女儿，于是，老张深感他应该疼爱妻子。

理性地对待她的感性

感性的人，都是凭感觉做事，如果感觉对，就什么都愿意做，也什么都愿意付出。女人就是这样的，她们在遇事时总以个人情感为依据，用她们的感性思维去解决一切问题，通俗地说就是好感情用事。

马敬的妻子是一个十足感性的女人，可以说他妻子就是当今社会的林黛玉，对一朵花的凋谢、一片叶的飘零，都会大有感触。一首诗、一首歌、一篇文章、一句话都能勾起她无限的遐想；一片落叶、一弯残月、一首忧伤的旋律，都能触动她那颗多愁善感的心……甚至在路上遇到一只无家可归的小猫、小狗也会流露出无限的怜爱之情。面对电视上的离情别怨，尽管她也知道那是煽情，是在骗取她的眼泪，但她依然泪光闪闪，鼻子歙动，比女主角还楚楚动人，好似她就是那个可怜的女人，不幸就发生在她的身上。看一本小说时，她会把书中的主人公当成自己，主人公的喜怒哀乐，就是她的喜怒哀乐。

每当妻子这样的时候，马敬总是在一旁嘲笑妻子，还说一些风凉话贬低妻子，说她的眼泪太多了，有时甚至以此为由找妻子的麻烦。因此，他们家总是乌烟瘴气，战火不断。

马敬的婚姻之所以不幸，完全是他自己造成的，他不仅不理解妻子的感性思维，而且觉得妻子有点莫名其妙。他出言不逊，对妻子恶语相向，用不理解这把尖利的匕首来伤害妻子。他是一个不成功的男人，因为他没有发现妻子这种感性女人的美，更没有用理性去对待妻子的感性。

拥有感性思维的女人是开朗的、阳光的、健谈的、幽默的。她们善良，因为尊重生命是每个感性女人的标签；她们敏感，因为她们在用心感受这个世界；她们开朗，常常独自享受单纯的快乐；她们独有的快乐会感染周围的人，虽然她们骨子里有淡淡的忧伤；她们不一定是最热情的，因为不是谁都能跨进她们的世界……

拥有感性思维的女人是清纯的，她们像青山绿水间流淌的泉水；拥有感性思维的女人是自然的，她们像蓝天上飘浮的白云；拥有感性思维的女人是秀美的，她们像西湖岸边随风摇曳的柳枝；拥有感性思维的女人是丰富的，她们有着极其灿烂的内心世界；拥有感性思维的女人是严谨的，她们会做每一件自己想要尝试的事，不依靠任何人；拥有感性思维的女人是妩媚的，她们有着极其丰富的肢体语言，告诉你她需要什么又拒绝什么……

每个女人都应该是美丽的、可爱的，都会成为世间一道亮丽的风景。因此，这个世界才如此精彩。

女人是感性动物，而男人恰恰是帮助她们完成感性之旅的主角。男人拥有感性的妻子也是幸福的，因为她美丽，懂得关心别人，也懂得爱惜自己；她更懂得只有拥有美丽的心情、高雅的气质、良好的修养，才能散发出女人的迷人气息。

男人，有这样的妻子陪伴你走过一生，难道不是一种快乐吗？

第三章

幸福婚姻夫妻沟通的艺术

理性争执有助于改善婚姻

据一项心理研究报告显示，幸福的婚姻可能取决于夫妻吵架的特征，掩盖冲突以及对重大分歧视而不见反倒会破坏婚姻关系。如果夫妻争吵时，能自由表达愤怒情绪，且不让紧张情绪失去控制，对婚姻关系是有益的。但在夫妻争辩中，若一方态度顽强、喋喋不休地抱怨，而另一方采取守势、拒绝与对方沟通，则会对婚姻造成伤害。此项研究报告显示，最有助于改善关系的吵架，是夫妻向对方自由表达愤怒情绪，让配偶了解自己，最后获得双方皆做某种程度妥协的解决方法。这种争执方式使夫妻俩强烈感觉到他们能够携手共同克服冲突。

研究人员发现，起初不满意自己婚姻的夫妻，经过有益的争执以后，在研究人员再与他们接触时，夫妻关系显然已经健康多了。但是研究报告也指出，夫妻之间经常运用的一些情绪策略，会对婚姻关系造成伤害，这些情绪化表达方式主要包括：

（1）不对问题负起责任，反而采取防卫态度或找借口搪塞；

（2）将该受责难的想法、动机或感受归咎于另一半；

（3）顽固不化；

（4）言语中多轻辱、攻击对方；

（5）牢骚不断。

但是，夫妻之间从来不吵架也是危险的。有些夫妻协议绝不发生口角，认为这样可以“家和万事兴”。然而一旦发生问题，这种婚姻由于历练太少，其处理问题的能力较差而极易破碎。不时发生建设性争执的夫妻，其婚姻关系却将随着时日的推移而日趋巩固。

就夫妻吵架而言，首先表达不满的通常是妻子。研究结果显示，妻子宣泄愤怒是维持婚姻生活的重要方法。丈夫不应当回避、退缩或者采取防卫态度。面对挑起口角的妻子，丈夫最好的反应是：让妻子知道他在听，尊重妻子的不同意见，承认有问题需要解决。如果他觉得应该据理力争，那就反击回去。缓和冲突的方法是提出折中解决的办法，听者对另一半的指责提出说明，并要求解决，与此同时，务必控制住自己的情绪。如果争吵与忧郁、悲伤等情绪一起发作，那是很不好的。凡是婚姻关系渐入佳境的夫妻，妻子在吵架时必定小心翼翼，不让争吵失去控制。而婚姻关系走下坡路的夫妻，在吵架过程中必定失去理智。

选择让步，常说抱歉

爱人发火时你该怎么办？ 夫妻争吵的平息，需要有一种克制、理性的态度，也需要有一个大度、宽容的胸怀，还要有一些解决冲突、走向平和的办法。 人要有远大的眼光，有洞察世界、体悟人生的智慧。 有了这种眼光，就不会局限于生活的细枝末节，处理夫妻关系就会从容不迫、得心应手。 有了这种智慧，就能化险为夷，化冲突为和解，用一种轻松、幽默的办法解决难题。 当你的爱人发火时，你该怎么办？ 下面讲几点意见，供你参考。

（1）要竭力使自己的情绪冷静下来。 控制自己，冷静息怒，随着时间的推移，愤怒会在你心中慢慢融化。 有句谚语说得好："时间能医治一切创伤，时间也能平息一切怒火。"

（2）要宽容为怀。 当你遇到爱人的"无礼"时，不要把弦绷得太紧，要豁达大度，暂且退避三舍。 理智地让步不仅对自己有好处，也能避免把事态搞得更僵。

（3）善于运用幽默。 当对方发火时，你要善于克制自己冲动的感情，不要针锋相对。 你可以说些宽慰、诙谐、逗趣的话来缓和紧张的气氛，这可以避免矛盾的激化和升级。

（4）以柔克刚。 如果夫妻俩，一个急躁，一个柔顺，那就不容易冲突起来。 古语说"良言一句三冬暖，恶语伤人六月寒”。夫妻之间发生矛盾时，千万不要用尖酸、刻薄、讽刺的话语去伤害对方，否则自己痛快了，对方却好几天缓不过气来。为了加速感情的恢复，还可以试着为对方多做些事情。这样做会出乎对方的意料，往往能使对方以相应的热情回报。

（5）要设身处地地为对方着想，将心比心。夫妻之间要“道义相砥，过失相规”，在道义上互相砥砺，在过失上相互规劝。话要说到点子上，就能使爱人消气动心，言归于好。

（6）学会退让。两个长久生活在一起的人总有相互顶撞的时候。如果你不想损伤对方的自尊心，就必须学会说“很抱歉”。夫妻吵架无输赢之分，谁是谁非不可能明明白白。有时只不过是做某一个“选择”，而这个“选择”往往来自一方的让步。吵架时间不要长，吵得越久越伤感情。尽量主动打破僵局，不要把主动和对方说话看成是“屈服”。例如，鲁迅先生和许广平是一对感情很好的夫妇，但有时也闹别扭，每到这时，常是鲁迅先生叹一口气说：“唉，总怪我这个人性情急躁，脾气不好。”许广平听了对他一笑说：“都看在你曾经是我老师的分上，否则，我真不答应呢！”于是，夫妻又和好如初。

当双方都开不了口时，可以装作不在意地向对方发出某种和解的“信息”。而另一方也要及时改变态度，接受这一“信息”，并做出反应。

（7）“战斗”的艺术。俗话说：勺子没有不碰锅沿的。恩爱夫妻也一样，两人共处的时间长了，难免会遇到不愉快的事，不过我们看到不少夫妇却越吵越亲密，这又是为什么呢？

原因很简单，由于他们懂得并掌握了“战斗”的艺术，因而巧妙地度过了“吵架”这一关。这种艺术包括些什么呢？

①察言观色“第一回”。婚后第一次吵架是互见“庐山真面目”的一次机会，印象最深，可以借此深入地了解对方，知道对方对什么最敏感，对什么最忌讳，以及他的心理承受能力。

②允许对方偶尔生气。如果你明白夫妻间难免会有嫉妒、烦恼和生气的事情发生，那么当这些情绪来临时，你就不会惊慌失措，因为这并不意味着他或她已经“没有感情”了。也许你的配偶是因为上司批评的缘故而情绪低落，没有向你表示绵绵之情，但即使这暂时的不愉快不是你的过错，你也应该问：“亲爱的，我做了什么事惹你生气了？”如果回答是否定的，你就再问：“那么，我能为你分忧吗？”如果对方不需要，你就不必打扰。要知道，这些问候是你给予他的最好的安慰。

③以冷对热。冷，就是冷处理；热，就是头脑发热。以冷对热的关键，就是你吵我听。在一方情绪激动、控制不住自己的时候，任他发火，任他暴跳如雷，不去理睬他。“一只碗不响，两只碗叮当”，一个人吵，就吵不起来，等对方情绪平和以后，再和他慢慢说。说话要有分寸。如果对方实在不像话，不得不顶撞几句，这时难免发生争吵。但是即使争吵，说话也要掌握分寸，不能说绝情话，不能讥笑对方的某些缺陷或揭对方的“伤疤”，更不能在一时气愤之下，破口大骂，不计后果。比如有的人吵架时言语不留余地：“你是不是管得太多了？”“我要你怎么干你就得怎么干！”“如果你

真的爱我……”等等，这类话咄咄逼人，很容易引发更大的冲突。“利刀割体疮好合，恶语伤人恨不消”，如果说了绝情话，关系就很难恢复。

④以“我”开头。如果一方想表达自己某种强烈的愿望，就直说“我想……”，比如妻子责怪丈夫好久未带自己去餐馆，就不妨直说：“我想明天到外面吃饭。”而不要说：“看人家小王，每周至少带爱人上一次饭店，而你呢？”如果这样说，简单的事情往往就复杂化了。

⑤轮流发言。如若双方都能克制一点，让对方把话说完，不抢话，那么大多数争吵就不会白热化，也就容易和解。

⑥就事论事。为了哪件事吵，讲清这件事就行了，不要上纲上线，也不要无限扩大。不要随便给对方扣上什么“自私”“品质恶劣”“卑鄙无耻”等帽子，否则，就把事情搞得太严重了。另外，对事情也切忌扩大化，如果从这件事又提及以前的事，从对配偶不满又拉扯到他的父母兄弟姐妹身上去，就会把事情搞得越来越复杂。

⑦绝不动手。“君子动口不动手”，就是说不论争吵时情绪多么激动，一不能摔东西，二不能动手打人。有的夫妻在争吵时，为表示愤怒，常常把锅碗瓢盆摔得稀里哗啦，这是很愚蠢的做法。物品何其无辜？摔坏了以后还要花钱买，何必呢？至于打人，就更不应该了，这不仅为法律所不允许，而且会使“战争”马上“升级”，弄得不可收拾。千万要对此保持警惕，否则后果不堪设想。

⑧不可离家出走。夫妻双方在激烈争吵以后，千万不要一走了之。一位女士说得好：“我告诉他，我被气疯了，但

我什么地方也不会去。因为夫妻吵架并不意味着婚姻将会破裂，我还是你的妻子，你还是我的丈夫，为什么我要离开自己的家呢？”

⑨ 24 小时内结束“战斗”。不少夫妻在争吵过程中，总有一种心理，就是都要以自己“有理”来压服对方，结果谁也不服谁，反而越说越有气。其实，夫妻之间的争吵，一般没有什么原则问题，许多是是非非缠在一起，也不易分清对错，特别是在头脑发热、情绪激动时更不易讲清。如果争吵了一定时间，吵到一定程度，发现这样下去还不能解决问题，那么有一方就要及时刹车，并提示对方该“休战”了。这并不是屈服、投降，而是表示冷静、理智。可以用幽默打破僵局，说声：“我真的口渴了，要不要也给你沏杯茶？”或者一方出去，到户外转转。

⑩“外交关系”不中断。许多夫妻争吵以后心中十分不愉快，互不理睬，中断了“外交关系”，但是双方还是生活在一起，这是十分别扭的，同时也进一步伤害了感情。对这种情况，过两天就会感到后悔，想打破僵局，恢复“外交关系”，又难于主动开口，这就是“作茧自缚”。因此，不论争吵多么激烈，在“休战”以后，照常说话，夫妻还是夫妻，该怎么过还怎么过。

为妻和解的技巧

不论什么原因，只要你拥有和解的愿望，就应既往不咎、化解矛盾。即便你有理，也应该适当让步，不要非把“说清楚”当条件。如果你是理屈者，旧事也不足挂齿，只需笼统道歉，态度诚恳，不卑不亢。话要说得明朗中肯，神态要端庄温文。本着这些原则，你应该做如下事情：

（1）用好的心情布置一下房间，最好在丈夫不在家的时候。用好的心情和孩子交流，但时间不要太长。

（2）安排一些访亲待客的事情，应付这些事情必须由你和丈夫共同出面。

（3）主动接电话。有丈夫的电话，就温和地请他接，帮他把手里的活收拾好。

（4）丈夫的朋友到来，要比平时热情一些。

（5）鼓动孩子亲近父亲。

（6）在他晚回来时，你不要提前上床；给他写一封短信，告诉他一些与他有关的事情，语言要幽默。

（7）晚上把房间收拾得新颖温馨，点燃几支玫瑰香；如果丈夫爱听音乐，就放一些他喜欢的乐曲；记着给他递杯茶。

（8）不要把你的亲人朋友带到家里来款待。

（9）看见丈夫表现出和缓的迹象，你就应主动接纳，要做到分寸恰当。

（10）切忌丈夫还在生气时，你又费口舌去解释。如果他要求解释，你也只需告诉他在适当的时候解释。

（11）不要请别人帮忙说服丈夫，更不要在街坊邻居或丈夫的朋友同事面前诉说。

（12）如果你已赌气搬出去住，就悄悄回来，任凭丈夫挖苦你，你也表情平淡，什么也不要说。不要死等丈夫主动去接你或热情对待你。回来后，待丈夫习惯你的存在，你可再借故离开一段时间，然后再向他问候，告诉他你归家的日程。

（13）尽量把自己打扮得漂亮一些，表现出自己兴致盎然。

（14）待丈夫与你已经完全和解，恢复了原来的亲热时，你也须再矜持一段时间，让现在的你和过去的你有所区别。

（15）要求丈夫为你做些举手之劳的事情，满足后，报之以微笑和谢意。

夫妻和解技巧

只要你拥有和解的愿望，就应既往不咎，去化解矛盾。即使你有理，也应该适当让步，不要非把“说清楚”当条件。

如果你是理屈者，旧事也不足挂齿，只需笼统道歉，态度诚恳，不卑不亢。话要说得明朗中肯，神态要端庄温文。

不论僵局如何，你都要主动和解，哪怕妻子仍在气恼中，拒绝你的道歉，你也应适当表示和解的意愿。

静下来，听妻子倾诉，只是聆听、应声，不去辩驳，主动表示和解，表现你男子汉的胸怀气度，使妻子感到温暖，以后不再制造僵局。

为夫和解的技巧

不论僵局如何，你都要主动和解，哪怕妻子仍在气恼中，拒绝你的道歉，你也应适当表示和解的意愿。如果是妻子无理，而你占理，也应主动表示和解，表现你男子汉的胸怀气度，使妻子自愧不如，以后不再制造僵局。在僵局进入和解时，你应先做这些事情：

（1）按时回家，尽量在家里待较长的时间，主动做些家务。

（2）静下来，听妻子倾诉，只是聆听、应声，不去辩驳，实在听不下去时，向她“请假”，借故离开，表示下次再听。

（3）尽量和孩子亲近，为孩子做些以往无暇做的事情。

（4）看望妻子的父母和其他亲人。

（5）如果妻子继续向你“说清楚”，你应表示很理解，不必再说。如果妻子要求你“说清楚”，你可尽力解释，顺便检讨。她谈话的兴致不减，你就不要离去，记着帮她缠缠毛线，或递给她需要的东西。

（6）露出憨实、自然的神情，装出嗫嗫嚅嚅的样子，做些笨手笨脚的家务。

（7）无意中重温一件与妻子共做的往事，说几句感慨动人的评语。

（8）妻子无意中说的话，你要记住，满足她话中的要求。比如说，妻子抱怨她的长筒袜滑丝了，你不动声色，晚上下班回来，带给她两双长筒袜，放在她的床头。

（9）邀请妻子出去散步。如果妻子拒绝，你就不必说话，只站在那里等候，妻子仍然不应允，你也不必介意。

（10）当妻子仍在气头上时，不要油腔滑调。

（11）当妻子不接受你的和解时，买东西送给她。

（12）如果妻子不接受和解，你不要做出亲热的举动。

（13）当妻子传递和解的信息时，你就立即拥抱她，报以你的满腔热忱，送给她你早已准备好的礼物。

（14）妻子倾向于和解，但还要挑剔你的毛病，那是女人故作骄横的姿态，她心里已经晴朗，你切不可放弃耐心。

（15）当妻子已经与你和解，但莫名其妙地与你保持距离时，比如，不愿与你同床、谢绝你的好意等，你切记不要再三恳求，只表示适度的关心和尊重即可。如果她满意你的关心和尊重，你可主动进攻，表示你的希望，她会配合你。谨记：要达到超越以往亲密的程度，如果毫无把握，可适当地拖一拖。

沟通心灵的语言艺术

生活中，夫妻因为一句话而大动干戈、狼烟四起的情况并不少见，恩爱夫妻为何会只因为一句话就争执不休呢？

究其原因，就是因为彼此感觉婚姻已把两个人紧紧地维系在一起，夫妻之间说话不掌握语言艺术，刺伤了对方的心，天长日久，冲突在所难免。

夫妻的日常对话，虽然平实简短，但要掌握好语言艺术，还真要下一番功夫。

丈夫：为什么你从来不帮我把干净的手帕准备好放在抽屉里？

妻子：我知道这惹得你生气，我以后注意。但是，你也要帮助我，记住把脏衣服放进洗衣机里，好吗？

在夫妻语言沟通的过程中，委婉是一种颇有奇效的黏合剂。委婉是一种以坦诚开放的沟通来对待对方的方式，同时，也尊重他人的感受，不做无谓的伤害。委婉意味着依赖他人，尊重他人的感受。

委婉有三大要素：一是诚恳与信赖；二是意识到或注意到他人的感觉，并且给予重视；三是不去利用人，不占别人的便宜，而是给人关怀与体贴。

在夫妻的相互沟通中，委婉是语言艺术的必然选择，在夫妻两人相处时，要善于掌握感情表达的方式，而不是掩饰感情本身。有人误认为委婉便是虚伪或压抑感情，其实委婉完全不涉及爱情的掩饰和压抑。只有借助于委婉的表白、诚挚的态度，关怀体贴对方，才能建立真正亲密的关系。

上例中那位聪明妻子用委婉的语言艺术处理丈夫夸大其词的毛病，并以建设性的方式回答丈夫，坦然接受他攻击中的“合理部分”。这位妻子的回答丝毫没有纵容，也没有虚伪和掩饰感情的意思，有的只是尊重和体贴，结果使双方都感到满意。

当然，委婉并不意味着永远顺应对方的一切意思，特别是当对方的作为令人不能接受时，更不能表现出让步的姿态。否则，就会导致不满和愤怒情绪的累积，那样，总有一天会爆发而严重挫伤双方的感情。

委婉不是“虚假的骄傲”，委婉要求夫妻双方都要心悦诚服地承认自己的缺点，不推卸自己对问题该负的责任。委婉的态度，就是诚恳的态度，就是要诚恳地接受对方的意见，诚恳地承认自己的错误，诚恳地向对方道歉。

委婉也不等于夸张地认错。夫妻在争论中，常常可以听到一方说：“好啦，都是我一个人的错！”这种不分是非的态度，不是委婉的态度，而是一种圆滑的态度，不能真正解决问题，只可偶尔为之。

委婉不等于含糊其词，委婉更需要语清义明。夫妻之间常常因为彼此语言交流时东拉西扯，词不达意，而造成误解和矛盾。为此，双方在语言交流时应注意在表达语意时要清楚，也要求对方清楚，避免模棱两可。夫妻在交谈中应注意所用词汇的准确性，正确的用词和清楚的语义在表达你的期望时非常重要，否则对方会以他的意思来解释，容易曲解而产生冲突和误会，例如妻子对丈夫说："你今晚早些回家，我晚上要去开会，你带一下孩子。"这位妻子语意不清楚，她对"早"的概念没有解释得具体一些，倘若她改成这样说："你今晚最好六点以前回家……"丈夫就能按她期望的去做，双方便能达到良好的沟通。

还有，对你的决定要解释原因。夫妻中一方要求另一方去办一件事情时，要说明事情的因果关系，让对方明白你的心意。

最后，夫妻间一旦发生问题，要说清楚你应负的责任。有不少人只用模糊的概括性语言来检讨自己应负的责任，敷衍地承认自己的错，却具体地攻击对方的短处。这类人经常会说："我知道我也有错，但是……"或"当然没有人是十全十美的，我也愿意承认我的错，但是……"然后他一点一点指出对方的错处，或夸耀自己的长处。

遇到这种情况，可以不必对他抨击你的那些具体"罪状"进行反驳，更不要以牙还牙地数说他的一些"罪状"。这样会扩大矛盾，造成更强烈的对立情绪。最好是耐心等对方说完后，再说："我对你刚开始说的那句话很感兴趣，就是说你也有错，我能不能请你详细说明这一点，具体举几个例子，然后我们再来看看我应该怎样处理我的错误，你应该怎样处理你的错误。"请注意，说话时态度要诚恳，不可用嘲讽的语气。

如果对方怕正视自己的缺点，不愿意具体说出自己的错误时，你可问他：“假装承认自己有错是不是不公平？”

对方也许用一个“错”来搪塞，例如说：“我就是错在嫁给你这种人!”换句话说，攻击者仍是继续假装愿意认错，但实际上还是在攻击对方。这些都要向对方指出来。如果对方能认识到这一点，那么，彼此就会向有效沟通迈进一步。

另外，在夫妻沟通时，有些话是绝对不能讲的，这些话就是:

（1）责怪的话。婚后，夫妻长期生活在一起，会发现对方的不足。在对方做错事的时候，要体谅对方，不要不分场合在别人面前责怪爱人，这往往会引起反感和不快，如同火上浇油，势必伤害夫妻感情。

（2）脏话。它是夫妻之间的百祸之源，夫妻之间争吵，切忌出言不逊。骂人之所以使人气恼，是因为骂人的话最难听，使用的都是污辱人格的语言，既损伤对方的自尊，也毒害了子女的心灵。

（3）谎话。夫妻间应以诚相待，不说谎话。相互信任才是爱情巩固的基石。生活中因一句谎话引起夫妻隔阂和产生夫妻矛盾的事例并不少见。

（4）绝情话。俗话讲“舌头和牙齿也有打架的时候”，夫妻之间争吵也十分常见，但不要说过头话、绝情的话，如“我后悔嫁给你”“我那时怎么瞎了眼”“你滚蛋”“你滚回家去”等，甚至把“离婚”整天挂在嘴上。婚姻是一件十分严肃的大事，是两个生命的以身相许，一句伤心话，说者无心，听者有意，就容易产生隔阂。

（5）揭短的话。夫妻之间贵在相互理解、相互信任、相互尊重。聪明的人经常夸奖自己的爱人，满足爱人的心理需求，因而使夫妻感情得以深化。但生活中有一些家庭，夫妻间喜欢互相揭短，这真要不得。每个人都有他的长处和短处，谁都不愿意他人触及伤痛，更怕自己的亲人揭短。如果连自己的爱人都小瞧自己，心灵所受的伤害将有多大！

这五种语言，无论怎么讲，都不具备艺术性，不能算是沟通的语言，它是夫妻关系的“腐蚀剂”，对婚姻中夫妻的亲密关系，起着离间破坏的作用。

你要求别人如何对你说话，你就应如何对别人说话。这是学会委婉的一条根本原则，离开这条原则，委婉便毫无意义。

与对方分享自己的感受

有话明着说，莫传“密电码”。所谓“密电码”就是语言的表面意思与实际内容不一致，对方需要经过一番揣摩、猜测后才能理解其中的真义。有些年轻的夫妻，在日常生活中常常说一些表里不一的话，让对方当成谜语去猜测，并总希望对方能够正确理解。女性由于情绪多变，因此发出的这种“密电码”也较多。而对于这些语言，对方是很难正确理解，并按照其意思去做的，结果，常常使夫妻之间发生矛盾：一方为另一方“不了解自己”而生气，另一方则为对方的“神秘莫测”而遗憾，从而使夫妻双方的思想感情拉开距离。解决这种错误的方法，就是在夫妻之间彻底消除“密电码”。夫妻之间的感情交流应该是坦率真诚的，感觉怎么样就怎么说，需要怎么做就怎么做，以使对方明白得越彻底越好，而绝不要转弯抹角。那种“我不说他也应该明白”的想法是错误的，因为对方难以知道你没有表达出来的心思。为了使婚姻健康持久，夫妻间一定要有话明着说，不要让对方猜谜语。

在正常的沟通中，表达分歧是最难做好的一点，它要求当事人要有一定的涵养和表达技巧。表达方式不当，对方不仅不愿意接受，反而会产生一种逆反心理进行抗拒。

假设一种情况：丈夫在街上遇到了原来的女友，他停下来与她交谈了一会儿，他没有告诉你这件事，以避免不必要的纠纷。你听说后，如果用第二人称训斥丈夫："你这个伪君子，你隐瞒了遇到她这件事，你还讨好地跟她交谈了半个小时。"先给他扣上了"伪君子"的帽子，又加上"讨好"之类的臆想。那么丈夫内心的反应必然是：这种嫉妒无法忍受，这不像个聪明的女人。于是对立开始了。如果换一种方式，采用第一人称表达自己的不满，对方将不会产生对抗的情绪，因为他未受到指责和攻击。比如你说："我听说你昨天和原来的女友交谈了，我很不高兴，因为你没有告诉我。我希望你信任我，把实际情况讲给我听。"这样的表达会使可能发生的不愉快与争执得以避免。

最新的心理学调查表明，影响夫妻幸福的首要因素是：是否具有表达分歧的能力。这一因素比性和金钱更重要。幸福夫妇有两个共同点：一是避免不必要的争吵；二是不回避必要的争吵，但要采用不给对方留下创伤的真诚争论的方式。婚姻专家指出：这种方法掌握得当的话，对解决夫妻间的不同意见能产生令人满意的效果。它会使夫妻感情随着分歧的明智解决而变得更加亲密。不要自我欺骗，我们的感情装在头脑里就如装在瓶子内，而感情是需要一个释放阀门的，当我们不能直接表达出来时，就要找某种借以宣泄的渠道。感情需要新鲜空气，事实证明，幸福的夫妻应善于为有利于夫妻关系的事而争论，而不应像仇敌那样互相争吵。换句话说，要善于发现哪些是最含"毒素"的矛盾，同时善于在这些矛盾中寻找和施用最有效的"解毒剂"。

第四章

相处之道，创建和睦的家庭氛围

夫妻双双把家担

陈欣和丈夫高青在经过多年的爱情长跑后，终于走到了一起，可是她还没来得及充分享受新婚的喜悦和甜蜜，就被丈夫的懒惰惊醒。

她发现丈夫虽然不爱抽烟喝酒、打牌赌博、在外消遣，但是也不爱干家务活，即使看着自己忙得焦头烂额也不愿伸手帮一把。对他来说，做家务好像和抽烟喝酒一样，一伸手就会对身体有害，已经到了“谈家务色变”的地步。

面对丈夫“甩手掌柜”的派头，陈欣非常不满：自己有工作，又不是家庭主妇，为什么家里面事事都要由她做？她经常向丈夫抱怨：“这个家对你而言还不如旅社，住旅社还要办手续，可是你呢，却是饭好到家，吃完就溜。再这样下去，咱们之间迟早会变得陌生，你看着办吧！”

但是，高青却不吃这一套，他认为男人应该去干大事业，“马革裹尸”“战死沙场”，不该围着锅台转。对于妻子的抱怨，他振振有词：“从远古时代起，就是男人外出狩猎，女人在洞穴内生娃守家。古语说：凡成大器者，必先舍去巢卵之牵，丢弃家务之累。”为逃脱家务，高青时常流连在外，把家看成他急于逃脱的囚笼。

久而久之，矛盾就产生了。夫妻间战火不断，甚至发展到妻子插门、丈夫敲门，妻子锁门、丈夫踹门的地步，有时还会打上一场肉搏战。弄到后来，两败俱伤，双方感情渐淡。

终于有一天，高青和陈欣都写了离婚申请。从此以后，高青无论多晚回家，都再也没有热腾腾的饭菜为他守候，没有明亮温馨的灯光为他点亮，衣服脏了没人洗，双人床上也没有了他的位置，他只好夜夜卧于沙发。

时间一长，高青就觉得自己活得太被动了，总不能什么事都等别人来打理，自己该负起的责任还是要承担。面对成堆的脏衣服，他只好“屈尊”洗了，捎带着也洗了几件妻子的衣服。这时，他才发现，从事家务劳动并不如自己想象中那么可怕，家务不是洪水猛兽，不会将自己吞噬。高青终于真正地成熟了起来。从这天起，他每天按时下班，回到家里就开始做饭洗衣，承担家务。

陈欣下班回来，看到饭桌上色、香、味俱全的菜，脸上终于有了一丝笑容，而高青这顿饭也吃得格外香。这样一连几天，陈欣的话虽然仍是不多，但脸上的阴云已慢慢消散。看到妻子的笑脸，高青做家务更积极，渐渐地，陈欣又变得柔情似水，家中也恢复了温馨和睦的气氛。

现代社会中，家务问题困扰着无数的红男绿女。在男女双方都充分享受就业、经济地位趋于平等的前提下，由谁干家务，干多少家务，日益成为夫妻间令人烦恼的问题。

对于职业女性来说，仅仅做一个贤妻良母，既不甘心又不现实，而想在家庭中求得平等、独立和自由，实践起来又颇费周折。对于大多数男人来说，面对似乎无穷无尽的家务活，只有两种选择：一是硬着头皮干；二是硬着头皮不干。两种选择的结果是相同的，都不那么舒服。

解决这一烦恼行之有效的方法就是在夫妻之间建立平等互助的“家务协议”。如果一方只要求另一方“全心全意为人民服务”，而自己却置身事外，坐享其成，那么不仅是对另一方的不尊重，也是对自己应负的婚姻责任的一种亵渎。

可是，即便如此，沉重的家务活仍然困扰着我们，如何把家务变成一门艺术，将之化为轻松有趣的劳动，能够以愉快的心情对待它，就成为夫妻急需面对的问题。下面有几个小窍门可以供你一试：

1. 互换角色

在家务劳动的分工协作中，如果长期把一个人局限在一个固定的角色里，日复一日、年复一年地做同样的事，就会逐渐产生一种单调乏味的感觉，出现倦怠心情，天长日久，自然会厌恶家务劳动。

因此，夫妻二人可以隔一段时间就做一下角色互换，尝试一下新的家务劳动。譬如，让丈夫代替妻子，给孩子穿衣、叠被、送孩子上学。这样做不仅会增加新鲜感和乐趣，而且能够相互沟通，相互体谅。

2. 叠用时间

人们之所以感到家务活累人，不一定是因为它的劳动强度太大，而主要是劳动时间太长、太单调所致。

其实节省家务劳动时间也是有方法可循的，其中重要的一点，就是重叠使用时间。例如：可以一面擦地一面听广播、看电视；下班回家路上顺便去买油盐酱醋、奶粉、牙膏等日常用品。另外，尝试一下“多功能劳动”：看书看累的时候，不妨去洗洗衣服、收拾一下房间或者去清洁地板。这样既调节了大脑，又做了家务，可谓一举两得。

3. 提高技能

做任何事情，如果总是停留在一个水平上，时间长了，模式化了，自然容易产生厌倦情绪。如果想着发展提高一下技巧，就会越干越有兴趣，家务劳动亦是如此。

许多家庭“煮妇”或“煮夫”对天天做饭炒菜真是烦透了，这时如果看看烹调书，学会隔一段时间出几个“新品种”，或者与单位同事交流经验，回家亲自做一个尝尝，以此不断地提高自己的烹调技巧，会使自己心情愉快，也会令伴侣尝到新口味，何乐而不为呢！

4. 陪伴慰藉

在家务劳动中，夫妻要学会相互陪伴慰藉。当爱人辛勤劳动时，不要袖手旁观，视而不动：丈夫油烟满室地做饭时，妻子却在镜子前尽情地打扮；妻子弯腰拖地时，丈夫坐镇沙发高跷二郎腿……这样会大大挫伤爱人的劳动积极性。即使你平常家务做得再多，这一瞬间的情景也会烙印在爱人的脑海之中。

两个人应该一起做家务，哪怕是为其打下手或者仅仅是相伴也好，边做边聊，且聊且做，既可快乐地完成家务，冲淡做家务的疲劳，又可借机沟通，增进夫妻感情。丈夫看到妻子蹲着择菜，马上递过一个凳子；妻子看丈夫炒菜太热了，递上一条毛巾。这样，会使人感到做家务也是一种幸福。

做家务的乐趣，就在于对家务活的安排和品味。家务劳动要安排得当，体脑交错，有张有弛，松紧适度。劳动的快乐要由夫妻一起品味，这样才能体会到做家务不是一种负担，而是一种创造，是一种生活的调节剂，能有效地促进夫妻感情，稳固婚姻生活。

不要忘记爱的陪伴

年轻夫妇都面临着一个非常重要的问题——要注意保持和增进夫妻间的感情。在这一点上，心理学家有一个重要的建议：夫妻双方必须有相当的时间相聚在一起，无论彼此时间多么紧张，也不要忘记适当地陪伴你的爱人。

在社会调查的过程中，心理学家发现，许多年轻的已婚者，过高地估计了自己对配偶的了解程度。他们相信婚前若干时间的恋爱和婚后的和睦相处，足以保持对方感情上的稳定。基于这样的认识，他们便不注意努力增进夫妻间的感情。几乎有60%的已婚者，比起婚前的恋爱阶段，陪伴对方的主动性减少了。

陈先生和妻子是恋爱了两年多才结婚的。他一直以为自己是一位很称职的丈夫，相信自己对婚姻和爱情所做的努力无懈可击。有一天，他兴冲冲地带回两张电影票，打算晚上和妻子一起去看电影，可是妻子说太累了，陈先生只好独自去看。看完电影回到家，他对妻子说："很想跟你一起去看电影，想不到你不感兴趣。"妻子却反唇相讥："上星期我要去逛街，你却说你不善于买东西，宁愿留在家里种花，也不愿意陪我走一趟。"

夫妻间的感情需求，超过任何其他人际关系。温柔、体贴，以及共同做事或娱乐等亲密无间的相处，会达成夫妻生活欢乐的图景，而这一切都以夫妻相聚相伴为前提。

恩爱的夫妻，每一方都应设法抽出时间去陪伴对方，珍惜在一起的分分秒秒。

有时，夫妻双方对在一起做什么的兴趣不一致，应当通过协商取得一致，尽量照顾对方的需求。那种只知道要求对方陪伴自己，高兴时就把爱人带在身边，不高兴就把爱人扔在家里的做法，是自私的行为，往往给不甘心依附的一方造成沉重的心理压力，最终导致夫妻冲突的发生。

夫妻间的相伴，并不是对等的，这得由机会和条件来决定。比如丈夫工作实在太忙，晚上还得加班，对妻子的陪伴自然就会少一些，做妻子的应该体谅这一点，主动寻找机会陪伴丈夫。而妻子身体有病，行动不便的时候，当然该由丈夫主动陪伴。这就是说，夫妻间应该随时保持相互体谅的精神。

如果想要爱人多陪伴自己，不妨明确地告诉对方，你从心底里需要他的陪伴。要求必须在可能的范围内，提得合情合理，不要总是埋怨对方陪伴太少。这样，双方就会逐渐习惯于在一起，谁也离不开谁。

夫妻相爱无定律

夫妻二人的世界，单调而复杂，平淡而神秘，但是要开启这把锁，必须先掌握开锁的要领：

切记，用钥匙开启爱情之锁时，要先开启自己的心智。

有人说60岁的夫妻唱白头偕老，50岁的夫妻唱志同道合，40岁的夫妻唱比翼双飞，30岁的夫妻唱爱情至上，20多岁的夫妻唱个性结合。

夫妻相爱没有定律，它只是你的感觉、体验，办法和策略由你的经验、体会、摸索构成，也还有一个检验的过程。夫妻相爱，不论怎样的艺术化，但万变不离其宗，必须真诚，必须与时代合拍，唱应该唱的歌。

1. 各自有一片属于自己的天空

这似乎是一个悖论，避免朝夕相处反而能将彼此的心拉得更近。当一名理发师说他对骑车运动感兴趣时，他的妻子并没有抱怨他独自一人出去开心，相反，很爽快地答应每个星期单独照顾孩子3个小时，让丈夫参加当地自行车俱乐部的活动。几个月后，丈夫更加健康、快乐，也更乐于与家人交流了。“我没必要非得和他一起骑车。”他的妻子说，“但是我同样获益匪浅。人们需要有时间放松自我，否则生活就令人窒息了。”这个方法对有孩子的年轻夫妇尤其适用，它对繁忙单调的家庭生活有良好的调节作用。

2. 把关怀和照顾落到实处

约会时的礼貌和殷勤随着结婚后孩子的出生和工作压力的加重而一去不复返了，但是，关怀和照顾永远都是对方需要的。让你的另一半周六睡个懒觉，你自己把孩子带出去吃顿早餐，或者主动做一项本属于另一半工作范畴的家务事。记住：要感谢伴侣对你无微不至的关怀，很多夫妻往往忽略了这一点。感谢表明了对对方的欣赏，对方会因此替你考虑得更多，做得更多。

3. 制订一个五年计划

每逢一个财政年度结束，许多公司都要规划出以后几年公司期望达到的目标。家庭也是如此，这种方法能使生活富有节奏。花一个上午制订一个属于自己的五年计划：想买新房子吗？想换个工作吗？想学习新知识充充电吗？想花更多时间运动休闲吗？想一想哪些状况令人满意，哪些还可以改进，这样，当面对日常生活中纷繁的抉择时才更有依据，而且，通过制订计划还会有新的发现。制订一个五年计划是夫妻沟通交流的绝好机会，而且，夫妻俩会因此更加确信两人将长相依偎，互相支持，这种感觉十分美妙。

4. 做一件让伴侣高兴的事

身为警察的丈夫总是抱怨家里到处都被孩子的玩具弄得

夫妻相爱无定律

各自有一片属于自己的天空

这似乎是一个悖论，避免朝夕相处反而能将彼此的心拉得更近。

把关怀和照顾落到实处

要感谢伴侣对你无微不至的关怀，很多夫妻往往忽略了这一点。感谢表明了对对方的欣赏，对方会因此替你考虑得更多，做得更多。

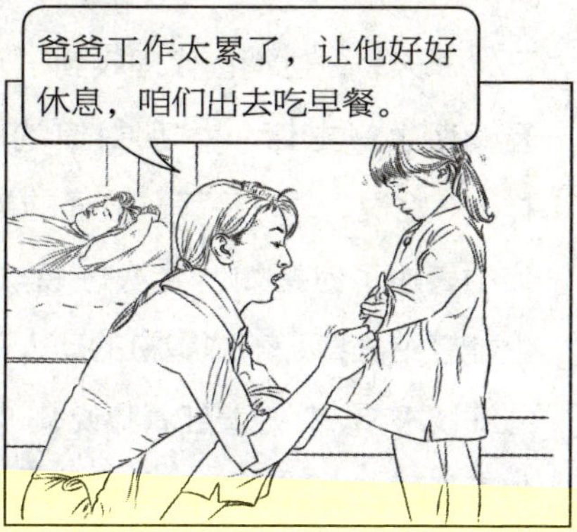

制订一个五年计划

制订一个五年计划是夫妻沟通交流的绝好机会，而且，夫妻俩会因此更加确信两人将长相依偎，互相支持，这种感觉十分美妙。

做一件让伴侣高兴的事

做一件让伴侣高兴的事无异于用你的行动向对方表示，我并非十全十美，但希望你知道我一直在努力。

一团糟，于是，妻子买来漂亮的架子和盒子，把玩具分类放好，把没用的东西统统扔掉。她说："你真应该看看我丈夫现在回家时的那张脸，他简直高兴极了。"做一件让伴侣高兴的事无异于用你的行动向对方表示：我并非十全十美，但希望你知道我一直在努力。

5. 用笔和纸来表达爱意

一天，一位销售代理收到了一封来自丈夫的信，她的丈夫是一名生产主管。"那封信就像以前约会时他常送我的一样。"她说，"总是写在普通的笔记本纸页上。"她的丈夫在信中表达了他是如何喜欢每晚与她同床共枕以及每逢周六早上她轻绾云鬓、不施脂粉的动人形象。"我以为他从不注意这些细枝末节。"她羞红着脸说，"我强烈地感觉到虽然我们不是每天都甜言蜜语，但那份关爱永远存在对方的心里。"总有这样的一些时刻，我们心中充溢着对伴侣的柔情蜜意，为什么不花几分钟时间把它写下来呢？信件是你们相爱的具体见证，无论结婚多少年，你们都可以把它翻出来一遍又一遍地欣赏、回味。

6. 求同存异

有的夫妻结婚几周便反目成仇，有的夫妻结婚几十年仍然恩爱无比。原因何在？下面我们来看看。

（1）相聚时，会感到相当自在。他们在情感、道德、信仰及价值观上都很默契。

（2）能体验到自己与伴侣同中有异、异中求同。巩固婚姻的基础是共识（基于相同点）与热情（基于不同点），接纳对方与自己相异之处。

（3）建立并遵从日常生活中的规律。例如一个人煮早饭，另一个则去扫地、擦桌子。

（4）视另一半为最好的朋友。不论他们的目标是什么，他们都希望一起完成。

（5）有共同的梦想，不论梦想是事业上成功或是个人的梦想，双方都会共同努力去实现它。

（6）不会怀恨对方。任何夫妻都少不了吵嘴和争论，但明智的夫妻会找出解决问题的方法。

（7）虽然了解对方的缺点，但他们更珍视对方性格中的真、善、美。

（8）随婚姻成长而改变。夫妻双方爆发冲突时，一定有一方甚至双方都有所改变。

（9）对要不要孩子有相同看法。

（10）了解性爱与浪漫的重要性。

（11）对配偶永远忠诚。这是美满婚姻的基础，绝不能存在非分之想。

（12）看到的不只是对方的实体，更重要的是反映出对方可能拥有的美好特质。心理学家说：喜爱某人，部分原因是因为人们在对方眼中见到了自己。

（13）不会争夺对婚姻或家庭的主导权，不会争论谁主宰家庭经济，因为这是两人应该一起分担的事。

（14）互相支持对方在工作上的发展。

（15）对另一半有强烈的信心，纵使认为对方的做法不对，仍然尊重对方，给予对方最大的空间。

营造婚姻的浪漫温馨

婚姻与爱情，多年来一直是众人争议颇多的话题。美满的婚姻，升华爱情；不幸的婚姻，葬送爱情。但是，温柔的女人，会在婚姻中升华爱情，会在平淡中增加情趣。

1. 经常回忆热恋

热恋是婚姻的前奏。热恋中的男女，那种两情依依、片刻难离的情景实在美妙。

结婚以后，经常回忆婚前的热恋情景，能唤起夫妻的感情共鸣，并在回忆中增加浪漫情感。经常回忆热恋，也能使两人更加向往未来，从而增进夫妻感情。经常回忆热恋，也是解决婚姻危机的一种不错的方式。最重要的是你还可以享受到更多的疼爱和照顾，通过对热恋的回忆，爱情也会更加甜蜜。

“咖啡女”时常在“花生壳”面前回忆他们刚刚谈恋爱时那段美好的时光。那段时间也是“咖啡女”一生最快乐的时光。那时的“花生壳”是“咖啡女”生活的中心，“咖啡女”时时刻刻都想和“花生壳”在一起，永远也不想分开。两人的爱情是坚不可摧的，是双方可以用生命去捍卫的。那时，“咖啡女”真的很幸福，可以拥有

“花生壳”的全部，这也许是“咖啡女”的福气吧！

“花生壳”热烈地爱着“咖啡女”，对她的体贴无微不至。“咖啡女”一下班，“花生壳”就去单位接她，现在想想那也是一种幸福。如果她上晚班，“花生壳”会去她的寝室给她做她最爱吃的菜。做好后，“花生壳”便去接“咖啡女”下班。每次都会给“咖啡女”一个惊喜，那时的两个小恋人是世界上最幸福的人。

白天休息的时候，两人就出去压马路，去中央大街漫步，去江边静静地坐着谈心。

那时总想让时间停止，两人一直坐在一起聊着未来，“花生壳”总是会恋恋不舍地离去，走之前“花生壳”都要给她洗脚，还说要给她洗一辈子。

2. 制造美丽的意外

作为妻子，你知道他每天的行走路径吗？ 什么地方是他可能经过或出现的地方？ 公司唯一的电梯口？ 他习惯泊车的那个停车场？ 公交车站台？

如果你有把握知道大概几点钟他会在哪个地方出现，便可以偶尔给他这种惊喜——好好地策划一番，和他不期而遇，把自己当作礼物，“送”到他面前。 你甚至可以玩这样的游戏：他快下班时在他公司附近的街角打电话给他，但别告诉他你在哪里，最好让他误以为你在家里。 等他走出公司，赫然发现你在他面前，那种惊喜是很戏剧性的。 不过，可惜的是，这种游戏大概只能够玩一次，经常玩，他就没有这么好“骗”了，也没这么惊喜了。 而且，这种惊喜不一定要安排在生日那天，可以只是两个人想出去吃顿饭、独处一下的时候，甚至也可以是“哪里都不想去，只想一起结伴回家”的时候。

同样的惊喜也可以安排在飞机场、火车站，你没有说要去接他，却突然出现，他一定会非常感动。

上述同样适用于作为丈夫的你。

3. 试着小别几日

男人和女人一旦结了婚，成为家庭一份子的时候，面对太多太多的真实，太多太多的零距离的接触，那种神秘的感觉就会渐渐地消失。于是，家庭中常常会发生一些矛盾和摩擦，夫妻间的吵闹也就不足为奇了。俗话说：“小别胜新婚。”这样的感觉正是说明人与人之间的接触还是需要有点距离的，不管是谁，都应该有自己的个人生活空间。

从热恋进入家庭的那段日子，可以说是最幸福、最甜蜜的时光。新婚的甜蜜，也是因为两人初次同居一室，哪儿都是没见过的新鲜，因此，不会有厌倦的感觉。互相客气，互相尊重，相互间一不留神露出的缺点也都假装看不见。新婚燕尔也是两个人热恋的延续和升华。

新婚的保鲜期是很短暂的，时间长了，新婚时的甜美就会被日常生活的打扫屋子、洗衣做饭等琐碎的事情所淡化，热恋时的那份热情也就消失殆尽了，两人随之而来的便是无休止的吵闹。

不必将大把的时间耗费在无益的争吵上，与其一再地吵下去，还不如彼此安静一下。当两个人做一次暂时分离时，彼此就不会将对方的固执念念不忘，反而会怀念起对方的柔情和优点，甚至连他做错事的样子，都令你在幸福中沉醉不已。

4. 个性传情法

双方相恋的初期，情书是试探窥测对方思想的“投路石”；相恋的中期，它是深化双方感情的“加速器”；相恋的后期，它是消融两人不愉快的“润滑剂”。

在今天的网络时代，时髦的男女都青睐于“网上爱情”，社交软件成为感情的新载体，很少有人铺纸动笔写情书。

无论何种现代通信手段，提高的都是效率，追求的是便利，但从意境、格调等多方面来说，谁也无法代替情书的功能。试想窗前灯下，夜深人静，铺一张素笺，静静地编写自己的情丝爱语，是一种什么样的享受？对另一方来说，收到一封情书，看着熟悉的字迹，读着滚烫的词语，似乎从这张素笺上都能嗅到恋人的气息，这是冷冰冰的电子屏幕与标准字体无法传达的一种美的感觉。

5. 庆祝纪念节日

女人的情感是奇怪的，你若得不到她们的尊敬，也就得不到她们的爱。

在日常生活中，可以值得夫妻纪念的日子很多，如结婚纪念日、对方生日、定情纪念日等，都是夫妻双方爱情史上的重要日子。届时，可采取适当形式给自己心爱的人一个惊喜，使对方感到你时时刻刻都将他装在心里，这对于巩固夫妻感情有很大的帮助。

纪念不一定非要有特别的理由，可以随时发挥想象力创造庆祝的理由，不管是雨天、雪天，还是好不容易排了 3 小时队才买到 Hello Kitty 的纪念品……都可以是浪漫一下的好理由。

当然最重要的结婚纪念日绝对不能遗忘，让彼此都回想起最初心跳的感觉，就是最好的加温方式！

6. 拥有多层次的柔情

如果把爱情比作泡饭，你就要给饭里加上不同调料，这样才能百吃不厌。

（1）恰到好处的温柔。恰到好处的温柔是在男人经历挫折时，轻如燕语的抚慰和鼓励，是男人疲惫时的一顿可口饭菜加一壶烧酒，是默契的眼神和细心的柔情……这样的温柔，哪个男人不喜欢？就是一块冰，也得被女人的柔情融化！

（2）宽容善良。人无完人，男人也一样，一样会犯错误，会在人生失意时不经意伤害了女人的心，这时，男人需要的是妻子的宽容善良，而不是雪上加霜。

宽容是美德，善良是女人的魅力。试想，哪个男人喜欢怨妇和恶妇呢？

（3）风情万种。谁不喜欢风情万种的女人呢？出得厅堂是俏妞辣妹，下得厨房是大长今。卧榻之上是苏小小的风韵，在外是模特儿的模样。该妖娆的时候妖娆，该微笑的时候微笑，该端庄的时候端庄，这样的女人让男人爱到老也爱不够。

（4）分担责任。男人的肩膀一头挑着老婆孩子，一头挑着父母，担子重啊，如果有人能为他分担一半责任，那真是巴不得的好事。

信任是婚姻幸福的基石

列宁在和妻子结婚时，双方订立了一个八字公约，“互不盘问，绝不隐瞒”。这应该是处理好夫妻关系的一个好方法。“互不盘问”，就表示夫妻间互相信任。但这个互相信任，又要配以“绝不隐瞒”的条件，“绝不隐瞒”，就是表示夫妻间互相忠诚。把这两条结合起来，就找到了一条夫妻生活和谐的途径。这两条是相互补充、相互制约的，谁也不能只强调一个方面。比如，只讲“互不盘问”，就可能造成互不忠诚；或者，只讲“绝不隐瞒”，就可能互相猜忌，一方让另一方坦白交代，势必造成夫妻间的矛盾。

猜疑，是互相信任的大敌，是与开诚布公背道而驰的。因此，夫妻双方都要从互相猜疑中解脱出来。猜疑的危害就在于可能使我们自己和我们所爱的人的感情毁灭，只有丢掉猜疑心理，夫妻才能成为一对更加稳定的伴侣。苏联教育学家苏霍姆林斯基也说过：“对爱情不能审查，只能信任。”中国有句古语：“长相知，不相疑。”意思也是说，要多多互相了解，不要胡乱猜疑。同样，夫妻双方都不应该向对方隐瞒什么，任何有意无意的隐瞒，都会斩断“长相知”的纽带。

夫妻间“绝不隐瞒”，这是指在大的问题上，或者是人们更注意的道德上的不隐瞒。那么，在日常生活中，夫妻间是不是允许“有所保留”？一个丈夫，以他的亲身感受，作了如下思考：

那晚，他去参加一个联谊会，与坐在身旁的一个女人相识，也许是联谊会上那热烈的氛围易于使人敞开心扉，他们竟一见如故，无所不谈，彼此为结识对方而感到欣喜。

抵家，兴奋尚存，他便与妻子谈到刚才联谊会上的一切，自然免不了赞扬那位新结识的女人几句，当然言辞中绝无过分之处。他哪里料到由此会点燃导火线，炸药爆炸了——

“怪不得这么晚回家，与新朋友谈得火热呢！什么联谊会，就是婚姻介绍所！”

“嗬，婚姻介绍所？参加者差不多全是结过婚的人，鼓励重婚？”他故作幽默，尽力不想使事态扩大。

“差不多。”她虎着脸，“再去联谊联谊，老婆也用不着了。”

“你！你怎么把这么高雅的活动庸俗化了？”不悦之情开始在他脸上显现。

“我是庸俗，没人家高雅。你找高雅的去吧。”她说着，面壁而卧，表现出明显生气的样子。

一股怒火从他胸间蹿上来。“你居然还真的生气？仿佛我真的干了什么对不起你的事。”他忍了忍，向她施以温存，但妻子并不领情。

“是的，你庸俗，俗物，俗不可耐！”

于是，一场无法断定谁是谁非的争吵拉开了大幕。结果，两败俱伤。

这以后，他很少与她谈起其他女性，即便谈起，也十分谨慎，表情淡淡的，语气平平的。

他发现效果不差，他们之间激烈的争吵逐渐消失了。他对自己说：原来有所保留有利于安定团结。他同时发现，自己似乎成熟了不少。

然而，夫妻间的安定团结与社会上的一般标准不同。自从实行某方面的“有所保留”后，他竟觉得“无所保留”四个字的内涵愈来愈模糊，甚至在被吞噬。夫妻之间像出现了一条暗沟。

他无法妥善处理好两者关系。渐渐地，他竟觉得差不多所有生活内容都可以“有所保留”了，因为她对他不保留的那些话题并没有多少兴趣，听的时候漫不经心。于是，他也不以为意了。

他们相安无事，却过于冷漠。

他尝试着回到“无所保留”的时光，但失败了。积累许久的“有所保留”阻碍着他们回到过去。

他忽然又怀疑了——夫妻间真的应该“有所保留”吗？

因为眼前的一切与他向往的家庭理想境界相去甚远，该怎样达到这一境界呢？他很茫然。

他的思考，似乎未得出最后的明确结论。实际上他得出了结论：夫妻之间应该“有所保留”。如何做好“有所保留”，这是一个“需要他继续思考的问题”。做到恰当的“有所保留”，这大概要因人、因事、因时而选择了。否则，就有隐瞒之嫌。

“有所保留”并不是有所隐瞒。这是两个不同的含义。隐瞒是绝对不应该的，“有所保留”就要看情况而定了。

但是，应该有一个信念，只要你心里“绝不隐瞒”，就会很好地做到“有所保留”。

社会上人与人的交往，需要开诚布公，以诚相处，互相信任；夫妻间的关系，从广义上讲，也是人际的关系，而且比社会上人与人的交往要多要深，所以，更需要互相信赖，并与猜疑诀别，这才有助于夫妻感情的发展。

第五章

给平淡的婚姻加点“料”，为婚姻保鲜

小别，永不褪色的爱

生活中，夫妻间莫名其妙的“感情破裂”的例子实在不算少数。天天厮守着丈夫，天天重复着同一套生活模式，妻子再贤惠也难免使丈夫对婚姻生活感到平淡乏味，有些丈夫甚至会觉得婚姻成了一个累赘。那么，妻子怎样才能让自己的闪光点永远吸引丈夫呢？

高招是：每隔一段时间找个借口外出一次，人为制造一种思念的意境。

短暂的分别乃是促进家庭亲密的最佳方式之一。画家多在孤独时才能有所创作，小说家在孤独时往往才有灵感，而夫妻在分离时更能体会到婚姻的可贵、家庭的温暖以及对方的价值。

刚与丈夫结婚那几年，大多数妻子都感觉日子越过越心烦。丈夫身上那些以前被忽视的、不尽如人意之处，越来越让她难以忍受，而自己在丈夫的眼里也变得越来越平淡无奇：虽然还像以前那样做菜，丈夫却说不如以前可口；虽然还像以前那样收拾房间，丈夫却说不如以前打扫得干净……

短暂的分别，能让妻子深切体会到丈夫在自己生活中的价值和地位。

妻子迫不及待地赶回家，出乎意料的是：丈夫看到她，竟像恋爱时那样，扑上来一把搂住她，热烈拥抱亲吻。丈夫热烈的吻，使她明显地感到，丈夫对她的思念绝不亚于她对丈夫的思念。

正应了那句老话：“小别胜新婚。”妻子与丈夫小别了一段时间，夫妻间就如磁石的磁性被加强了一样，更有吸引力。在丈夫眼里，妻子变得更加温柔妩媚，做的菜也仿佛更加可口，房间也收拾得仿佛更加漂亮明净了。

美满的婚姻不仅要求夫妻双方相互尊重，保持精神上的独立，而且要求双方在感情上有一定的克制，甚至创造一些条件，使得双方保持一定的空间距离。

妻子长期与丈夫厮守，相互间的新鲜感和神秘感会消失，爱情的热度也会降低。聪明的妻子，为了让丈夫不断积蓄新的恩爱能量，可以让丈夫停服几天“蜜糖”，喝上几天“白开水”，这样丈夫会更珍惜“蜜糖”的甘甜。

当代许多社会学家也认为，夫妻最好每年能有一段时间不住在一起，这对调适夫妻关系十分有益。他们还认为，夫妻不要成天卿卿我我，甜言蜜语讲多了就淡而无味了。

为了保持丈夫对妻子“永不褪色”的爱，作为妻子，不妨常与你的丈夫分离一段时间，制造一种彼此思念的氛围，这种方式不失为“对付丈夫”的一种行之有效的办法。

不过千万不要离开你的丈夫太长时间，也不必走得太远，关键在于制造让丈夫思念的环境，而并非造成“人各一方”。

永远谈情说爱

女人喜欢浪漫的情调，这一点在婚前就已充分体现出来。婚前相爱的人花前月下、海誓山盟，这时，每一个女子都会相信自己的这一份爱情会天长地久。婚后，很多女人并没有完全从那份情调中摆脱出来。可是，婚前曾如夏日烈火一般的丈夫却迅速转入冬眠。作家劳伦斯·夏姆说：“如果把人们的愿望排个名次，浪漫虽不像衣食住行那么居于首位，但也是名列前茅的。”

谁不希望在生活中偶尔也能品味到令人心花怒放的美妙一瞬呢？要做到这一点，就要给对方意想不到的喜悦。

张敏是一位妻子，也是一位母亲。她说：丈夫经常出差，离别时，他们总是依依不舍，相互惦念。一次，为了让丈夫觉得他们虽然远隔千山万水，但仍然心心相印，她绞尽了脑汁。突然，她灵机一动，给丈夫留宿的旅馆挂了个电话。当丈夫步入自己的房间时，映入眼帘的是桌上的一瓶葡萄酒、一篮新鲜的水果和妻子的一封短小的“情书”。丈夫被出乎意料的喜悦深深打动了，无论如何不愿落后于妻子。第二天，他的妻子就收到了去苏州共度周末的邀请和一张机票。美妙的计划使张敏激动得心怦怦直跳。和丈夫相见的幸福，在苏州共度周末的喜悦，使她和丈夫仿佛又回到了恋爱时期，这次约会令两人兴奋不已。根据这一次刻骨铭心的体会，张敏对朋友说：“夫妻之间要使昔日的浪漫和亲昵不至于荡然无存，就应该偶尔一起去度度假。作为母亲，我清楚，外出时不带上孩子是很难办到的。但人们也应该明白，作为父母，作为情侣，两个人的独处是生活中不可缺少的一部分。”这番话颇有道理。如果夫妻俩也试着去做一做，幸福的家庭生活就不是天方夜谭。

凡是对亲密关系或婚姻生活抱怨的夫妇，首先应该思考的第一个问题便是：“你俩有多久没有单独外出了——指的就是夫妻俩——不是拖着孩子或朋友。”答案往往是相同的：“记不得了”或者是“至少有三四年了吧”。没有属于两人世界的“放假”时间，任何亲密关系都很难维持，更不可能长久。这也正是谈情说爱如此美妙的原因。

婚姻，需要同样用心，必须下定决心与你的伴侣谈一辈子恋爱。亲密关系想要长久，就必须一周至少有一次“约会夜”。在“约会夜”里，夫妻无论如何要单独相处。每隔三个月，至少要有一次是两个人共度周末。接下来就是一年计划一个假期。有人会说，这对有钱、有时间又没有孩子的人是个好主意，可是“我”的情况不同。不错，但是，必须把这个“假期”作为未来生活的一项投资。假使现在不肯“投资”为自己的家庭维护一份稳定的亲密关系，日后很可能得花更多的金钱和时间，才能弥补心中那份不安全的感觉。

营造浪漫的方法

有一种营造浪漫感觉的方法是靠视觉的刺激。男人大多非常容易被眼睛看见的事物所刺激。可以去买一些“养眼”的衣物，必须不同于你平日的着装；请他陪你去选一件他喜欢你穿的睡袍；在一张卡片上写一些有创意的点子，让他明白你是多么希望和他谈情说爱。

下面是使他“爱火”不灭的几招：

（1）计划一个半岁生日宴会

邀请他所有的朋友来为他庆贺半岁寿辰。譬如三十岁半，五十五岁半，依此类推。这要比正式的生日更令人惊喜。

（2）约他拍生活集锦照

赞美他比那些模特儿长得还帅，告诉他你好想替他拍些照片摆在桌子上、藏在小皮夹里，好让大家都能看到他的帅模样。

（3）用便利贴来说话

在一些意想不到的地方利用便利贴留言，让他明早准备上班时就能看见。粘在浴室的镜子上，他一照镜就能看见，告诉他你是多么喜爱他的面孔。另外在牛奶盒、公文包等这些特别的地方都可粘上一张，表明他在你心目中有多棒。

营造浪漫的方法

祝老公三十五岁半生日快乐！
计划一个丈夫半岁生日宴会，邀请他所有的朋友来为他庆贺半岁寿辰，这要比正式的生日更令人惊喜。
老公你是个天才音乐家，你的手需要保护！
约他拍生活集锦照，赞美他比那些模特儿长得还帅，告诉他你好想替他拍些照片摆在桌子上、藏在小皮夹里，好让大家都能看到他的帅模样。
有一种营造浪漫感觉的方法是靠视觉的刺激。男人大多非常容易被眼睛看见的事物所刺激。
有你在身边的人生就像这一整床的玫瑰花瓣一样浪漫温馨。

（4）床上铺放玫瑰花瓣

告诉他，有他在身边的人生就像这一整床的玫瑰花瓣一样浪漫温馨。

（5）与他通电话

上班时间拨给他，说你爱他，再告诉他晚上等他回家准备跟他做些什么。

（6）为他留下不朽的存证

为他制作一本命名为“你的一生”的剪贴簿，注明献给一位“非常特别的人”。开始是一张婴儿照，接着是相片、奖状照片等，只要是具有特殊意义的东西就可以拿来用。

幽默是夫妻间的润滑剂

如果你询问10个女人心目中的理想男人应该是什么样的，可能有8个女人都会回答说她们希望自己未来的丈夫是具有幽默感的人。为什么呢？这是由女人更加注重精神快乐的本性所决定的。

丈夫如果在家庭中总是很严肃，也不会开玩笑和逗趣，那么，妻子就会很紧张，这种严肃氛围会影响妻子的一系列身心健康，这样一来，夫妻关系就变得小心翼翼，小家庭的乐趣也就没有了。

如果丈夫很幽默，能够经常开开玩笑，妻子的情绪就会被调动起来，这样，妻子就会产生治理家庭和处理各种事务的智慧和激情，这同样是因为女人在情感上容易被动和容易受到外界影响所致。

有很多人总觉得幽默是在外面用的，在家里只要一本正经就行了。其实，这是一个误区。夫妻和谐是家庭幸福美满的基础，而在这个基础上就应该有幽默的成分。适当的幽默，可以使你的家庭洋溢着温馨，让夫妻之间充满着愉快的笑声。

张康的妻子刚怀孕时，有一天，妻子指着自己的肚子问了他两个问题，这让张康很伤脑筋。

“老公，你说咱们的孩子是男孩还是女孩？能不能在孩子一出生时，就看出孩子长大是啥样呢？”

张康知道这两个问题不好回答，回答不好的话，还会使两个人心里不高兴。

于是，张康想了想，说：“第一，这孩子肯定……”说到这里他长喘了一口气，妻子还以为他能准确地说出来是男孩还是女孩呢。可张康接着说：“肯定不是男孩，那就是女孩。第二个问题呢，也很简单，要是小姑娘，长大一定就是妇女；要是小子呢，长大那就是老爷们儿。”

张康很巧妙地把妻子的问题转移了，使妻子听后觉得很有趣，避免了正面回答是男孩或女孩而引起妻子的不高兴，这样的幽默成了他们夫妻间的润滑剂。

调情是婚姻的甜点

调情，其实就是制造情趣，却向来是中国人感到难以启齿的字眼，内敛含蓄的个性使我们把热情埋藏在心底，只有“举案齐眉”“相敬如宾”才被尊为夫妻相处的典范。

中国人，特别是中国女人，忽视调情久矣，难怪鲁迅先生要慨叹：中国女人有母性没有妻性。一旦情感稳定进入婚姻，就会成为任劳任怨的家庭主妇，丝毫不懂得调情，任凭激情在单调岁月中消磨殆尽。

婚姻是一段极为漫长的岁月，从执子之手算起，一般要共同走过数十年的时光，悠悠岁月里，真正做到“相看两不厌”的恐怕是少之又少。聪明的女人，应该做婚姻里的“千面女郎”，时刻注入新鲜感，偶尔展露出一点儿不同的风情，保管会让丈夫欣喜若狂，仿佛自己淘到了难得的宝贝一般。

科学家通过研究发现，女人具有一种男性缺乏的“社交基因”，她们敏感细腻，能够迅速理解他人行为的含义，并据此做出相应的反应，女人性格中天生便具备善于调情的特质。

和男人调情时肢体语言不可少。明明在他怀里，却一边撒娇一边要他抱抱你，明明耳鬓厮磨，却咬着他的耳垂轻声细语告诉他：我是你的唯一。这样的“小动作”对于刺激情爱的作用非同小可。

比肢体语言更让男人着迷的是女人温言软语的情话，即所谓“精神调情”。

为什么热恋时女人的一个温柔眼神都会让男人回味无穷？当你与一个异性产生一见钟情的感觉，其实就是精神调情的结果，而且这种调情比肉体上的调情产生的磁场大无数倍。精神调情的首要一点是欣赏。

调情的言语从肯定开始，谁都喜欢甜言蜜语，真诚的赞美尤其动听。如果实在拙于言语，就让肢体语言流露心中的情意吧！

不妨大大方方地直视对方，或者斜眸凝睇，或频频用眼睛瞟着对方，等攫获对方的视线后，再低垂双眼，缓缓抬眼望着对方，更进一步到目光交缠。

当你欣赏一个男人时，看他的眼神一定充满魅力和柔情，这会让男人所有细胞都产生舒服、受用的感觉，继而，大脑反馈给他一个结果——他是很棒的男人，他想要征服你。

有时候女性撩撩发丝、甩甩头发、努嘴舔唇、挑起眉毛、频频点头微笑、摸着颈项胸口等小动作，都带有邀请的意味，鼓励彼此继续互动。在好感和矜持之间，有些女性会出现抱臂、弓身、双腿紧闭的防卫动作，但好感的信号却会从张开的手指、放松的肌肉中流露出来。

调情应该是语言、身段、眼神、技巧的结合，是有风情而不轻浮，柔情而不矫情。想要练得一举手一投足就流露出风韵，想要眉眼神情里充满魅力，需要内涵修养来支撑，也需要岁月阅历来打磨。

第六章

了解婚变心理，让爱的魔力永存

轻松度过“三年之痒”

我们常说结婚后会有“三年之痒”。到底什么是“三年之痒”呢？“三年之痒”主要是指在结婚后的三年里彼此之间失去吸引力。生活慢慢地走上婚姻的正轨定了型，女人变得不再漂亮，而男人则变得不再会对女人“花言巧语”，而是越来越实际。人们在稳定的生活中就想寻找一点刺激，所以也就形成了“三年之痒”。

婚后的夫妻关系非常微妙，可以说是一种依恋关系。这种依恋关系有可能持续终生，也可能因中途发现对方的缺点而演变成厌恶情绪。构筑起良好的依恋关系，可以使婚姻生活更加长久、美满。近年来，结婚后不久就离婚的家庭增多，而且通常在结婚第三年迎来婚姻危机期。

人类学家费舍尔博士横向分析了全世界58个地区关于离婚的统计数据。结果发现，结婚之初的几年容易发生离婚，结婚四年之后，离婚率逐渐降低。而且，离婚者具有如下特征：20多岁居多、有1~2个孩子的居多、再婚者居多。

费舍尔博士推测，之所以结婚第三年出现离婚高峰，可能与养育孩子的周期存在某种联系。结婚第三年，多数家庭的孩子已经学会走路了，而且已经不需要母乳喂养和父母夜以继日的陪伴。而孩子在成长到这个年龄之前，还需要妻子与丈夫的合力照顾，无法一人独立抚育。也就是说在抚育幼儿的工作完成之前，家庭就是一个夫妻双方相互协助的系统。在荷尔蒙和脑内分泌物质的影响下，夫妻之间感情融洽。但是，当抚育幼儿的工作结束之后，这个系统就消失了。因此，结婚三四年后夫妻离婚、分别再婚的现象很多。

那么，面对这种婚姻生活中的审美疲劳和“高原反应”，我们应该采取怎样的措施才能避免两人最终分道扬镳呢？

“分居”策略就是一个很好的方法。这里的分居并不是指两个人真的由于感情冷淡而分居两地，而是指夫妻之间刻意制造一些距离感，用“距离产生美”的方式增加生活中的乐趣和情趣，从而再度让两人享受一下婚前的自由生活；同时也在远距离的异地相处中，用思念之情增强了彼此的感情。

每当在婚姻生活中感到疲惫与乏味的时候，李明伟就会产生想过单身生活的念头。这时，他就从心里盼着妻子出差或者回娘家。如果恰巧赶上妻子出差或回娘家，他会大呼“万岁”。妻子一走，李明伟就完全放松自己。先是上网，与网友放开胆量聊天；接着找上几个酒友喝酒，即使喝得酩酊大醉也无妨，醒后到饭馆吃点可口的饭菜，再约几个好友出来打打麻将、泡泡吧、聊聊友情、谈谈国际形势等。这样的情况持续了一个星期，李明伟就觉得无趣了，回到家里空落落的，他开始想念自己的妻子了。他想念她煮的饭菜，还有她说话的声音，以及微笑时出现的小酒窝。

他忍不住给妻子打了一个电话：“老婆，你什么时候回来？”妻子说：“你的单身生活过完我就回去。”一听这话李明伟心里急了：“我想让你现在就回来……”只听妻子说：“你以为出差是玩儿啊，说回去就回去。”听到这里，李明伟撇撇嘴，而妻子却在电话的另一头笑着说：“老公，我也想你，不过，你不觉得现在这样挺好吗？要不是我出远门，你什么时候这样想过我，呵呵，我觉得我俩有时候就得这样分开一段时间，你没听过‘三年之痒’吗？那就是一起待久了会腻的。”

日子就这样日复一日、年复一年地过去。夫妻二人要觉得单身生活好，就会故伎重演，分开一段时间。偶尔煲个电话粥，谈谈两人的见闻和感受，平淡的生活竟也没有那么乏味了。

中国有句俗话叫“小别胜新婚”。小小的离别比如胶似漆地腻在一起更能令人感受到浓浓的感情。生活是可以选择的，婚姻模式也不是一成不变的。“分居”策略的明智之处就在于它摆脱了周而复始的生活方式，夫妻感情在分离中得到了凝聚。其实，当初的热情在柴米油盐酱醋茶的磨损和耗费后，婚姻就很可能成为一种既定的模式和程序，而这样“炒剩饭”的行为自然会影响到两人彼此间的情感沟通。

人们步入婚姻，常常意味着失去独自的空间，饭要一起吃，觉要一起睡，一切成双结对。有时候两个人黏得太紧也会让人窒息，所以，营造近在咫尺、却又远在天涯的氛围就更显得可贵而有趣。

婚姻是重要的，但对婚姻的价值判断也很重要，毕竟如今已不是婚姻等于一切、婚姻大于一切的时代了。“两情若是长久时，又岂在朝朝暮暮。”古人希冀的美好感情在当今这个多元的社会里，终于可以由我们自己来选择和实现了。而实际上，不论怎样生活，我们渴望的都是婚姻赐予的一份快乐和轻松。

取他之长，补己之短

“性格不合”几乎成了很多夫妻挂在嘴边的分手理由。因为他们都认为自己的性格好，而抱怨对方的性格不好，并经常为此发生争执，最后夫妻感情受到严重的影响。所以，私下他们会很后悔地说：“当初，我真是瞎了眼，找一个这种性格的人……”大多数男女婚后发现彼此的性格相差很大，使他们每天都为之而苦恼。

其实，性格不同的夫妻在相处的过程中能体验到更多的激情和浪漫。如果夫妻俩一个外向，一个内向，最不利的一面是他们需要花费很长时间相互适应。而性格合得来的夫妻则会发现，两人生活容易变得枯燥乏味，因此需要两人共同努力才能拥有丰富多彩的生活。

结婚之前吸引两个人走到一起的因素恰恰成了婚后主要矛盾的根源。性格相反的夫妻很容易发现，整天的耳鬓厮磨使各自的偏好显得更极端、更无法调和。

夫妻俩的性格相容，有利于感情的发展，反之，应该接受配偶与自己的不同之处，用语言称赞对方的独特性，不要妄图按照自己的偏好来改造对方。

恋爱的时候晓晴就知道他们是两种性格的人，但是直到结婚后，晓晴才意识到他们的性格竟然有那么大的差异。晓晴是个性格开朗、十分健谈的人，非常奇怪的是，她却喜欢上了一个沉默寡言、深沉内敛的男人。为此，两人没少争吵过。

晓晴已经不记得那天为什么事情跟他吵架了，只知道自己在骂他，而那个男人只是默默地听着，一言不发，当时晓晴正在烧开水，壶里的水大约有40℃。以至于到最后，晓晴只想收拾东西走人，远远地离开这个在一起生活了两年的男人。

晓晴翻出搁在壁柜里的两年前自己投奔他时拎来的一个旅行袋，现在已经沾满了灰尘。想想自己两年前带着怎样的期望走进这间屋子，然后日复一日地给他熨衬衣、洗袜子，却换来这样的结果，眼泪顺势奔涌而出。

而那个男人就坐在晓晴背后的沙发上抽烟，看见她哭了也无动于衷，一言不发，一副垂头丧气的样子。晓晴在想那个男人现在显然已经不在乎她了，跟这种性格的男人在一起过一辈子，根本不会有什么情趣。她果断地擦掉眼泪去看水开没开，心想他既然不稀罕他们的感情，自己又为什么要稀罕？她在心里想水一开她就走，一分钟也不停留，可是水没开，还是温温的。

晓晴开始往袋子里装自己的东西：衣服、书、牙刷、毛巾等。与其让他丢掉不如自己拿走，终于收拾完了，鼓鼓囊囊的袋子就搁在房子中间，最后她取下手表和项链，那是当初他买给她的，放在桌子上还给他。屋子里的空气几乎凝固了。

在晓晴来之前，他经常感到肚子疼，却找不到原因。因为两年来一直都是她烧的开水，所以只有她才了解这个开水壶——水烧到80℃的时候就开始沸腾，但是要多烧三分钟水才能喝。他一个大男人并不知道这些，所以晓晴要等到水开再走。

晓晴心想等五分钟后，水开了再走。

可是水非但没开，反而逐渐变冷了。原来是水壶坏了，灯也没有亮。她决定放弃这壶水，于是拎起袋子就要走，突然那个男人从她背后抱住她，声音嘶哑地说："不要走！"他的眼泪落在她的发丝上。

他们性格的差异并没有影响到爱情关系，晓晴手中滑落的旅行袋重重地掉在地上。晓晴知道慢性子的他原来还是很在乎自己的，所以她留下来了。

现在，他们已渡过了最初的磨合期，走进了幸福安全的婚姻，那个开水壶，如今就搁在他们家的壁柜里。后来他主动交代，他弄断了开水壶的电线，就是为了不让晓晴走。为了挽救他们即将夭折的爱情，他只能选择这样做了。

我们可以从上述的事例中看出：如果性格差异较大的夫妻能做到以下两点，一定会相处得很好，成为恩爱夫妻。因为婚姻幸福与否，并不在于性格是否不同、相近或相同，而在于夫妻之间如何相处。

第一，既要正确了解自己的性格，也要懂得尊重对方的性格。这一点是非常重要的。性格影响和决定着人对事物所表现出来的方式、情绪，没有好坏之分，但是与品德是有区别的。不同的性格有不同的长短之处，它们有着各自的优点与缺点。例如，性格外向的人活泼开朗，性格内向的人则稳重。性格急的人往往直爽，但也容易发火，发起火来让人忍受不了。相反，慢性子的人大都态度和蔼，容易相处，办事讲究质量，不讲究时间观念。

第二，有了对性格的正确了解后，就要主动宽容对方，在家庭生活中放大彼此的优点，尽量避开各自的缺点。例如，理财应该交给家中做事心细的一方，主外应该交给善于交际的一方。

夫妻双方要适当地克服自己的缺点。性子比较快的要用心克服自己的急躁情绪，办事再沉稳一些；相对来说，性子比较慢的则应该注意提高速度。但双方都更应该注意的是，千万不要试图改造对方，虽说人的性格是可以改变的，但也要尊重对方，帮助对方。只有这样，夫妻之间的生活才会和谐，婚姻才会变得美满幸福。

因为性格不同，当有问题出现时，双方会从不同的角度分析问题。我们要学会取他人的长处，补自己的短处，这对思路的拓宽有积极作用。当然，因为性格的不同，观点不一致、产生摩擦是时常会有的，这需要时间来慢慢地磨合。

关于出轨你所不知的秘密

你们每天都会在一起，他或她是否对你撒了谎？ 他或她为什么要这么做？ 你真的这么了解你的他或她吗？ 下面就是一些有关谎言的误区以及背后的真相。

误区1：如果出轨没被人发现就不算

如果你永远也不会被发现，而且你们之间是安全的性行为，你又没有告诉任何人，这能算作是出轨吗？ 有些人认为这完全取决于你自己，要是自己真的觉得风过了无痕，那就可以不算。 这是自欺欺人。

但问题是，很少有人从心底里觉得出轨完全没有错。 即使再善骗的人也会知道出轨是件坏事，而且骗得伴侣团团转的同时，你对对方的感觉也正在改变，你会觉得对方不是太天真，就是太好骗。 总之失去了夫妻关系中必不可少的一个要素：尊重。

误区2：出轨是因为他或她在家里不快乐

在这个问题上，男女是不一样的。 女人出轨表明她对婚姻关系并不满意，而男人就有点不同。 有的男人即使再爱他老婆，夫妻生活再幸福，一旦有机会他们依然不会放弃风流，只要他们觉得不会被抓现场。一项调查显示，出轨的男性中有 56% 认为他们的婚姻很美满，而在女性中只有 34% 同意这一观点。

误区 3：出轨只是为了性

因为跟伴侣之外的人发生性关系是禁忌。正是因为不可以，所以更让人想尝试。但外遇并不一定只是为了性，简单地说，外遇是为了得到伴侣不能给你的东西。至于这种东西到底是什么，这就因人而异了。

有时候即使出轨者自己也说不清楚到底是什么，有的是为了追忆小时候失去的一些东西，有的是为了追求年轻的感觉，甚至有人对“完美”的另一半同样不忠，因为他们受够了这种完美感！所以，外遇跟性是不能画等号的。

误区 4：如果他或她出轨，就说明他或她不再爱你了

看起来是这样，但真相未必如此。但这确实可以说明他或她已经不再那么尊重你了，也不再看重你们之前许下的诺言，而且你俩的价值观已经不同了。有些人是可以把爱和性分开的，他们的出轨只是单纯的和别人睡在一起，但并不代表不再爱另一半了。其实，这是为自己狡辩。

误区 5：男人比女人更爱出轨

以前可能是这样，但现在男女出轨的概率其实都是一样的。出轨总是不好的，但这种做坏事的感觉让人更想尝试。只是女人更喜欢用这种借口：反正另一半不看重我，我“有资

格”享受一段露水情缘。

之前女人只会给自己买个口红，剪个新发型什么的，现在就喜欢上别的男人了。不过女性出轨还是比男性多了些负担，因为女人更容易感到内疚。

有人说男人很喜欢与女性朋友暧昧，其实不然。大部分不忠的男人都觉得出轨就要找远一点的，省得麻烦。正好相反，心理学家认为，正是女人才总是暗暗期望着友谊能够发展成恋情。

她们总是对异性朋友投注了大量感情，而且敏锐地测试着这段关系能不能发展，成为比现在自己拥有的恋情更好的恋情。所以说，女人交友常常是为了寻找真正的灵魂伴侣，而男人，通常只是为了玩玩而已。

误区6：和前任上床不算出轨

有外遇的人总是觉得和前任发生关系就没什么问题了，至少不像跟新人发生关系一样罪无可恕，反正都已经分手了，就不会将这段外遇复杂化了。但对方呢？他或她可能觉得这是你们复合的先兆。于是你就面临着再次跟他或她分手的困境。

误区7：只要够努力，就可以杜绝第三者出现的可能性

你可以减少这种事发生的机会，但没有百分百保证不会出轨的办法。我们能做的最好的事情就是找个对的伴侣。选择一个合适的人绝对比在一起之后努力让他开心来得更重要。毕竟道德观、价值观和家庭背景等因素会对他或她是否出轨有

着决定性的影响。

误区 8：真心地忏悔可以避免再次出轨

如果你在以前的感情关系中曾有过不忠实于伴侣的行为，却没有彻底反省过，那么你在新的感情关系中很有可能会再次对伴侣不忠。

如果不巧被发现了，你最好主动忏悔，这样你有更多的机会挽救你们之间的关系。有的专家就建议，如果另一半性格不那么坚强，就不要跟他或她坦白了。毕竟这种忏悔会让他或她的自信遭到毁灭性的打击，而且有可能会使你们好不容易建立起来的信任灰飞烟灭，然后又要花好多年才能重建一个更加脆弱的关系。更重要的是，弄明白你为什么会开始一段外遇。你从中得到了什么？这种东西你可以从你的伴侣那里得到吗？

最烂的理由就是说出来自己心里就好受了，这确实会减轻你的罪恶感，但是你的伴侣会因此承受更多的痛苦。你既然犯了错，就应该想办法解决它。

误区 9：如果没有发生性关系，就不能算是出轨

情感上的出轨——这种人与人之间深沉的、热烈的关系，从柏拉图式的友谊到浪漫的爱情，总是让人误以为自己没有出轨。其实这是一段婚姻所能面临的最大威胁。80% 的出轨都是从“一个朋友”开始的，而且经常是同事。

偷偷摸摸的同时又充满欲望，情节紧张得像是拍特工电影。这种情感上的背弃非常危险，但又总能顺利过关，一旦你尝试了就很容易上瘾。如果你有了另一半又总假装单身，如果

你总偷偷摸摸地发邮件、短信；如果你爱跟对方讲心事还不愿意告诉另一半跟那人见面的事情，说明你在情感上已经出轨了。

误区 10：对外人有性幻想，说明你要出轨了

许多性治疗师会鼓励夫妻想象在和别人性爱，从逻辑上讲，只要不是在床上，脑袋里出轨是没什么的。但也有人认为这非常危险，性幻想会带来出轨的渴望，是因为性幻想的价值就在于让你幻想一种激情四射的、完美的性爱。但事实上，现实生活中的婚外邂逅总比不上幻想那么激情而完美。

误区 11：外遇能挽救你的婚姻关系

这是那些喜欢外遇的人永远的借口。显然他骗了你，你可以想象一对夫妇这么说话吗？“老公，自从有了外遇，我俩越来越甜蜜了！”显然不能够啊……外遇意味着背叛信任、出卖信任。即使那些侥幸逃脱的人也觉得和恋人的关系出现了裂痕，多了一丝怨恨、悲伤、或是内疚。

话虽如此，但如果能认真想想他为什么这么对你，有可能可以帮助你们把失去的东西找回来。一般来说，外遇者希望通过这种行为来重塑自己，或者变成自己想要成为的人。

在一起多年的伴侣总是把对方当作刚刚认识时候的那个人，没有用发展的眼光来看待。一场外遇可以给个机会让你们重新认识对方。所以，外遇之后有个很重要的问题要问：“你和她在一起的时候，你是什么样的人？和我在一起的时候，我怎么做才能让你觉得你成了那样呢？”

落入温柔陷阱的八种可能

外遇像是一片鲜美芬芳的花丛，闪动着充满诱惑的色彩，而在这片迷人的花丛里，却遍布着柔情蜜意的陷阱。

有许多人在外遇中迷失自己，他们是怎么走出婚姻，走进这温柔陷阱的？

1. 想证明自己魅力依旧

男人在 40 岁到 50 岁之间有一段叛逆期，这就是所谓的“中年危机”，在这个时间段，男人开始质疑生命，抗拒老化。特别是那些工作勤奋的男人，他们总觉得自己错过了人生中最好的年华，仿佛从来没有享受过生命的乐趣，而他们真正热爱的正是这些——及时行乐。于是，看到年轻的女孩子，他们就会想要重新来过。

2. 给性爱增加一份激情

性生活在婚姻中往往会被湮没在日常琐事中的夫妻忽略，排到比较不重要的位置。当男人需要更多的性生活又在家里满足不了时，外遇也就成了一种寻欢作乐的新尝试。

3. 一时心血来潮

什么？难道说他只是因为凑巧跟那个女人一起去开会，

就跟她上床了？ 没错，这种事情发生的概率远比大部分女人想象的要多。 对许多男人而言，一夜风流并不是什么了不起的事，这跟他们对妻子的感情也毫无关系。 虽然这件事实在令人难以置信，不过却是实情。

4. 只想摆脱枯燥的生活

当男人感觉生活千篇一律、一成不变时，深锁在无聊与寂寞中的他就会开始渴求改变，跃跃欲试，寻求冒险。 这些男人不是去外面寻找婚姻中欠缺的任何事物，而仅仅是为了玩一玩，用以调剂他们平淡的生活。

5. 对人生失去热情

心理学家指出，对人生失去热情，会使男人的内心感觉无助、无能，无法做任何事情。 因此最简单的解决方法是找一个善解人意的性感女人，借此逃离令男人沮丧的现实环境。

6. 存心报复你

男人若是怀疑女人对他不忠又无法原谅她，那么以炫耀自己的风流韵事来报复女人也就成了怒气冲天的男人难以打消的念头。

7. 你不够关心他

也许你已经太习惯自己男人的存在了，几乎忘了他也是个脆弱的人，他需要陪伴，需要赞美，需要安慰。 如果在家里找不到这些，他就有可能绕开对他“视若无睹”的你，到外面去找别的女人。

8. 天生多情

还有可能你的男人天生就是个风流种子，这种喜新厌旧的男人与那些利用外遇来逃避亲密关系的男人不一样，这些多情浪子常常自我感觉很好，但对婚姻却一点也不在行。

现实生活中，发生外遇的原因肯定会有千百种，但是这几条道路却是人们最常走的，对此你必须保持足够的警惕。

容易发生外遇的几个危险期

有些妻子对“外遇”这个词充满了恐惧，似乎“外遇”这只怪兽随时都可能把自己的丈夫抓走，因而每日提心吊胆，生活得苦不堪言。

这种心态如果不是心理疾病造成的，就是缺乏对产生外遇条件的了解。其实，外遇的发生也有其自身规律，其中的几个危险期，就一定要看守住。

1. 妻子怀孕前后

因为这个时期妻子往往自顾不暇，所以一些玩性未泯的丈夫便容易表现出烦躁不安。从体制上说，婚姻有点“铁饭碗”之嫌，特别是经过从恋爱到婚姻的初级阶段后，对方的感情热到一定程度后势必会进入一个相对平淡的时期，没有过多的波澜起伏，有些男人那种喜新厌旧的本能便蠢蠢欲动，悄悄向其他异性寻找安慰。为此，怀孕期间的妻子要努力克制自身的情绪波动，尽量保持自身的吸引力，尤其要运用好准母亲与准父亲这种角色喜悦来增进双方的感情。

2. 分居以后

如果是因工作等原因无奈分居两地，保持密切的联系是必不可少的。现代的联系手段多种多样，书信、电子邮件、电话、网络等都可以运用，尽量织起感情的“天罗地网”。当然，节日或一些特别的日子（如生日、结婚纪念日）最好能安排时间相聚。至于因为矛盾冲突而造成的人为的分居，则应用解决问题的态度来冷静对待，而不应一味地赌气，因为赌气只能让人疯狂，让人寻求感情的外遇。而且这种分居只能是偶尔为之，还应该定一个短时间为限。一旦分居成了习惯，那么分手就很容易成为事实了。

3. 工作发生变化

如下岗、工作受挫等，人是需要在工作中寻找立身处世的支点与快乐的，一旦面临失业、失意的处境，难免就会心情跌宕、茫然若失。男人在失意的时候，最需要的是从女人那儿得到肯定，依靠女人的温情来放松和激励自己，进而重建自己的信心。假如这个男人缺少一位能与他水乳交融的伴侣，那么此时他是很希望有别的女人“乘虚而入”的，甚至随便找一个他平时不屑于亲近的女人。假若有一个平时一直心仪于他的女人去主动安慰他，那么此时就很容易发生点什么。如果这时得不到妻子强有力的关怀与支持，就很容易使丈夫从家庭中出走，妻子千万不能大意。

4. 地位发生改变

如丈夫升了官，发了财。丈夫的进步，妻子除了高兴之外，自身也会有压力，要努力把压力变为动力，不断寻求进步。千万不能持夫贵妻荣的老调子，因为这只能令你坐享其成、不思进取。一旦丈夫觉得你赶不上趟时，就可能自个儿跑掉了，到时你只能望尘莫及，哭也没用。这种人往往并非花花公子或天生好色，但至少是金钱使他的男性本能霎时膨胀了。他早年的生活很可能比一般人来得灰暗，情场上的失意也很令他耿耿于怀。他出于一种弥补心理，利用自己的金钱不断制造艳遇。

5. 家庭发生变故

有这么一个例子：一对夫妻本来恩爱有加，没想到3岁的女儿突然因病夭折。巨大的悲痛之下，妻子整天埋怨丈夫没有照顾好女儿，这使丈夫不堪折磨，只好逃避，外出喝酒、赌博、夜不归宿，直至有了婚外情，弃家而去。所以，当类似情况发生时，指责、埋怨、愤恨、挣扎都于事无补，只有保持平和、积极的心态才能面对不幸。这一点对于比较情绪化的妻子来说，尤其值得注意。

婆媳不和常常会累及婚姻。这对丈夫来说是一个棘手的问题。当他无法处理的时候，就会自暴自弃，独自逃离。

6. 与异性同事、朋友独处

本来就互相有好感，或者一方甚至双方已生出情愫，但只是保持着普通同事或朋友关系，一次偶然的机会，为双方创造了条件：一不小心就突然进入了状态，迷迷糊糊中两人突破了界限……

妻子只要看守住这几个路口，外遇就很难沾上你丈夫的边，当然这里面还有一定的原则和技巧，在后面会谈到。

容易发生外遇的危险期

妻子怀孕前后

这个时期妻子往往自顾不暇，一些玩性未泯的丈夫便容易表现出烦躁不安。为此，怀孕期间的妻子要努力克制自身的情绪波动，尽量保持自身的吸引力，尤其要运用好准母亲与准父亲这种角色喜悦来增进双方的感情。

地位发生改变

个别丈夫发了财，他们利用自己的金钱不断制造艳遇。

家庭发生变故

当类似情况发生时，指责、埋怨、愤恨、挣扎都于事无补，只有保持平和、积极的心态才能面对不幸。这一点对于比较情绪化的妻子来说，尤其值得注意。

对他的出轨进行狭隘的报复不可取

面对他的出轨，保持理智和宽容的心态是最重要的。

女人出嫁时，都想与自己的爱人一生相守，然而在漫长的人生中，能够拥有一份真挚而无悔的爱情是何等的不容易。很多夫妻都经历过配偶不忠的痛苦，看上去很美满的家庭中也有发生婚外情的可能。哥伦比亚大学临床精神医学教授说："有时候男人在事业上失败了，会需要用婚外恋来对自己的能力进行证实，而女人因为抚育孩子疲倦不堪，也需要用婚外恋对自己的女性魅力进行肯定。"但是，不管出于什么原因，配偶不忠都是生命中最深的伤害之一。这其中，女人所受的伤害要大于男人，在不幸降临的那一刻，很多妻子会大吵大闹，只因为她们失去了理智，愤怒而悲伤，最终导致婚姻的裂痕无法修复。其实，保持理智和宽容的心态，也许结果会比想象的好些。

如果婚姻还可以挽救，那么做妻子的就不要陷入以下狭隘报复的误区：

1. 为报复，自己也找婚外情人

杨蓉得知丈夫有了外遇后，大病了一场。她是一个性格内向的女人，当看到自己的丈夫和另一个女人亲热时，心痛不已，而且那个女人看上去明显要比自己年轻。杨蓉并没有大吵大闹，但是她在心里已经种下了愤怒和怨恨的种子。她想报复丈夫，于是她很快和同事好上了，但同事并没有丈夫出色，杨蓉也不爱他。半年以后，杨蓉的丈夫浪子回头，两个人和好了，她想和同事分手，但那个同事却一直纠缠她，把杨蓉弄得筋疲力尽……

“带有报复性的婚外恋是最可怕的，那种企图获得满足的结果往往是毁灭性的。”这是美国的一位咨询专家的警告。

2. 把丈夫的不忠告诉别人

婚姻专家说：“当你因心里难受而把丈夫的不忠告诉他人时，你已经犯下了很大的错误。”

琳的丈夫出轨了，但他们仍然生活在一起，一则他们是大学同窗，彼此谈了很长时间的恋爱才结婚，过去的时光太美好了，两个人都忘不了；二则两人曾共同创业，有着比较牢固的婚姻基础。但琳心里一样难过，她想通过向他人倾诉来解除心中的苦闷。于是，她把丈夫的不忠告诉了亲人和朋友。很快，她便意识到自己的生活中出现了另一种尴尬：修复婚姻关系的同时，还要照顾因同情自己而对丈夫产生仇恨情绪的亲人和朋友。琳把自己弄得更累了，父母和朋友们也总是用怪怪的目光看她；丈夫不想被这些事弄得心烦，节假日总是躲在家里，很沉闷地一支接一支地吸烟，不再和孩子玩，也基本上不和琳说话了。这种家庭氛围让琳觉得无聊至极！

3. 抓住丈夫的越轨行为不放

有些男人出轨后又回到了自己的妻子身边，回到了曾经的家庭，但妻子却根本无法释怀，在生活中总是时不时地提起丈夫那段“不光彩的往事”。希里·苏兹曼是法国的婚姻专家，她说：“有些妻子能把丈夫的已经结束的婚外情记十年之久，甚至还要更长。她们把这当成了武器，用它来制服自己的丈夫。”遗憾的是，这种心态并不利于建立美满的婚姻，更无法使双方恩爱如初。这种心态只能在给自己带来深切痛苦的同时让丈夫加深压抑感，时间长了，丈夫很容易产生逆反心理和自暴自弃的想法，很有可能再次发生婚外恋。到时候，仍然是妻子独尝痛苦之果。

4. 到丈夫单位大吵大闹

菲发现丈夫兜里的情书时，大脑里一下子空白了，她用颤抖的双手抓起那封信，转身冲下楼去。丈夫正在自己的办公室里对一个下属交代工作，菲一边哭一边把情书摔到他的办公桌上。从此，丈夫在单位里一直抬不起头。没过多长时间，他就辞职独自去了另一个城市。菲后悔了，因为她这一不明智的举动，丈夫失去了已经拥有的地位和名誉，她自己也失去了很多女人所没有的优越和骄傲。最主要的是，她亲手把丈夫推出了家门，因为丈夫正是去了那个女人居住的城市。菲痛苦不堪，她想，如果换一种解决方式，可能不会出现这种状况，可是现在后悔也晚了。

如果有着牢固的婚姻基础，遇到丈夫婚外情的行为可以用理智和宽容的态度去处理，这其实是一种明智之举。这样，在维护婚姻的过程中，你就是一个成功的妻子，同时也是一个优秀的女人。

找对方法，重建幸福

有人说“外遇是预谋而非一时兴起”“苍蝇不叮没缝的蛋”。一旦一方有了轻视另一方、不在乎另一方的心理时，外遇才会乘虚而入。因此，离婚成为很多外遇者的结局。如果你们仍然相爱，你们都有诚意使婚姻重现生机，那么便可以共同努力，携手走出困境。但是，需要注意的是：被外遇侵袭过的婚姻，一如被癌症侵袭过的身体，它的体质已变得很脆弱，需要去除怀疑，重建互信、互谅、互爱的基础。

1. 终止外遇

外遇者必须下决心挥剑斩情丝——停止一切外遇行为。你们夫妻之间存在什么问题，应该由你们自己来解决，而不应该借助第三者来解决。另外，被背叛者如果为了报复另一半，或为了取得心理平衡而准备外遇，那么，你要悬崖勒马！

2. 找出问题

如果只是笼统地说“我觉得不满意”是很不够的，必须说清楚自己为什么不满意，对哪些地方不满意。如果其中有一些难以启齿的问题，不妨各自将想法写出来，然后交换字条。

3. 追忆美好时光

把家庭影集拿出来，夫妻俩和孩子共同欣赏。在欣赏中，回忆你们的蜜月、度假，以及孩子出生时的激动时刻。你们还可以一家三口到你们恋爱时曾经旅游过的地方旧地重游，一同回味昔日的美好时光。

4. 吐露期望

由于性别及性格原因，夫妻双方对爱的表现和需求不尽相同，只有双方吐露内心的期望和想法，各自调整，才能达到新的和谐。你应该真诚地把想法说出来而不是把它牢牢地锁在内心。有时会出现你的需要和他的习惯正好相反的情况。你喜欢的正是他所讨厌的，这时你们就需要相互协调，双方各退一步。

5. 将心比心

对于已经发生过的一切，无论你怎样后悔与懊恼，都已经没办法抹去早已发生过的事实，此时的你肯定特别希望对方能够理解你、原谅你，那么，就请互换角色尝试去理解一下对方的心情，换一个角度看问题吧！这时，你们会发现什么情绪都是在情理之中，什么问题都可以解决，只要你们放开心胸，彼此接受。

6. 重视性生活

性爱在外遇中往往是第一要件，而在婚姻中却常常是“敬陪末座”。被工作和家务缠了一天，等你们想有性生活时，早已是筋疲力尽，即使强打精神，也只能是敷衍了事，这当然和与第三者幽会时的感受无法相比。因此，要重建你们的婚姻，必须重视你们的夫妻生活。

婚姻生活并不总是春光明媚、鸟语花香，有时也会是肃杀的晚秋、严寒的隆冬。所以，我们要善于积蓄那春天的温馨、夏日的热力，以抵挡秋日的黄叶飘零与寒冬的风刀霜剑的侵袭，如此，婚姻才可持久。

第七章

提高警惕，切莫陷入婚姻误区

让婚姻亮红灯的心理因素

婚姻的幸福与否，其实在很大程度上取决于心理因素。以下三种心理因素，对于婚姻来讲具有很强的“杀伤力”，严重的可能会导致婚姻解体。

1. 对配偶期望值过高——你不是我想要的类型

王敏婚前坚信男友之东是“潜力股”，所以即使父母反对，她也义无反顾地嫁给他，并在婚后始终等待丈夫之东兑现婚前的“诺言”：在本市最豪华的地段买一套房子，天天开车接她上下班。但是结婚已经五年了，王敏看着身边的姐妹个个都穿得光鲜亮丽，每天开着私家车上下班，偶尔还和丈夫、孩子外出度假。在她看来那种生活才是一种享受，而自己整日却为一元两元的小钱在菜市场与人砍价，丈夫的能力和才华也没有得到领导的重视，三年来一直没能加薪升职。所以，她对丈夫也就心灰意冷，认为他当初欺骗了自己，没有能力让自己过上好日子。于是，两人小吵不断，矛盾重重，最终伤及感情。

一旦理想遭遇现实，将会产生很多婚姻问题，其中对配偶的期望过高就是一个关键因素，例如婚前妻子认为丈夫能够力排所有困难，战胜一切问题，而丈夫也认为自己的妻子是能够照顾好家庭、善待老人的贤妻良母型的女人，不会经常为了一些鸡毛蒜皮的小事与自己争吵不休，可是生活毕竟是生活，磕磕绊绊在所难免，人的心理自然会随着具体情况而变化。

当期望值过高时，内心深处难免会产生不满之情，另外，再聪明的男人也不能保证不被不起眼的问题所困扰，再善良的女人也不能保证不被某件小事所激怒。

一旦理想中的配偶被现实无情地否定，而且自己没有能力改变他时，就会继续否定他，认为对方是无可救药的人，这样，夫妻双方很容易产生矛盾，愤怒和绝望的情绪就会让婚姻亮起红灯。

2. 对婚姻充满了不合理的信念——凡事要求一致

世界上没有两片相同的叶子，所以对待婚姻最好不要抱有以下这三种态度，否则极有可能让婚姻产生问题，进而走向毁灭。

（1）“心有灵犀，不点自通。”这种观点认为夫妻或者情侣之间应该有默契，包括为人处世的态度和人生观、价值观的一致，要是两人的态度和意见稍有不一致，就会对婚姻产生失望的感觉。这种想法过于理想化，要想伴侣之间产生相同的观点，两个相爱的人必须多沟通，让彼此都知道对方真正的想法，这样才能做到心心相印。

（2）认为对方是无法改变的。这种观点认为对方的缺点是无法改变的，所以两人之间一旦出现感情裂痕，将会无法修补。

(3)性生活完美和谐。这种观点认为性生活必须总是完美的，不能有丝毫瑕疵，所以一旦发现对方与自己的期望值偏差得比较远，就会产生失望和挫折感，这种感觉会将婚姻推向深渊。

3. 对婚姻不幸福的误解——夸大不幸，忽视幸福

不幸福的夫妻，常常重视婚姻中的消极行为，忽视掉对方的积极行为。要是看见对方的不良行为，就认定对方不会悔改，颇有点“禀性难移”的意味；要是看到对方的优点或者积极行为，就会认为这只是偶然现象，只能视为“昙花一现”。抱着这种想法去理解婚姻生活，势必会夸大婚姻中的不利因素，忽视其中的幸福因素，这样很容易出现婚姻危机，逃避或者放弃都不是最好的解决之道，除非你想让婚姻解体。

心理专家发现，婚姻不幸的人，其实大多数是由不能正确看待配偶和婚姻造成的。所以婚姻幸福要从内心深处开始，用现实、理性、弹性的方式对待婚姻和配偶，使心态保持最佳状态，勤于沟通，这样你的婚姻生活才会更加美满幸福。

婚姻的误区

对配偶期望值过高——你不是我想要的类型

一旦理想遭遇现实，将会产生很多婚姻问题，如果对配偶的期望过高，夫妻双方就很容易产生矛盾，愤怒和绝望的情绪就会让婚姻亮起红灯。

对婚姻充满了不合理的信念——凡事要求一致

这种观点认为对方的缺点是无法改变的，所以两人之间一旦出现感情裂痕，将会无法修补。

对婚姻不幸福的误解——夸大不幸，忽视幸福

不幸福的夫妻，常常重视婚姻中的消极行为，忽视掉对方的积极行为。婚姻不幸的人，其实大多数是由不能正确看待配偶和婚姻造成的。

婚姻不要有投机心理

现代社会的高离婚率逐渐变成一个社会话题。这似乎足以说明，人们的“幸福指数”并不高。但是，如果从另一个方面看，却有相对乐观的解答：离婚，在某种程度上是因为现代人对于婚姻关系的要求比以前更高了。如果说以前父母包办的婚姻更平稳，只能说明那时人们对于幸福的要求并不高。但是现在，人们对于婚姻的要求，已远远超越了从前任何时候。

人们把现代社会的婚姻比作“投资”。不管挑选谁，都可视作一种投资；无论选择“原始股”“潜力股”还是“巅峰股”，都需要承担风险。在这次投资中，每个人都掌握着主动权。选择是最重要的，你掌握着自己的选择权，可以选择是否结婚，跟谁结婚，什么时候结婚。当然，这种主动权并非如此绝对，因为人们的选择总是受到各种客观因素的制约，尤其是当遇上爱情或者错过最佳的选择时机时，主动权会不由自主地转给别人，甚至放弃权限。不过，就投资结果而言，只有选择了正确的“投资对象”，并选择了正确的“投资方式”，婚姻的投资才能收到满意的或者让人惊讶的“投资效益”。

从相对数量上来说，真正满足一个人投资需求的人很少。

许多人迟迟不婚，乐此不疲地在茫茫人海中寻求那个唯一，然后抓紧时机，把他牢牢“抓”在手中；但仍有很多人匆忙结婚，却不得不承认自己不够幸福，后悔当初的选择。这是两种截然相反的投资策略：前者对于婚姻的投资十分谨慎，充分考虑婚姻的各种风险，考察最适合自己的“投资对象”；后者则是一种非理性的投资行为，自然无法获得对应的“收益”。

爱情只是快乐的源泉，而不是快乐本身。调节要适度，投入要合理，只有这样才能把在婚姻中的快乐资源转化为真正的快乐。不过，无论怎样选择，世上没有十全十美的事，当然，也不会让你彻底绝望。我们把自己的感情和其他东西投给我们的伴侣，期望伴随时间的流逝，得到越来越多的回报。一开始，我们对自己的投资决定充满怀疑，但是多年之后，我们越来越相信自己的眼光。

必须明白，任何人的投资都不可能稳赚不赔，你永远无法获得一个只赚不赔的投资对象。在很大程度上，投资是否值得全在于你自身的感触。正如三支同样明亮的蜡烛放在一起，当拿起任何一支放在眼前，总感觉比另外两支都亮。同样的道理，在婚姻之中，当你感觉到你爱他时，用心去看就觉得“它最亮”，他的一些轻微的举动会使你体会到巨大的幸福感；当你“把它放回原处”时，你却找不到“最亮”的感觉，因此，你对他感到非常失望，感觉自己找错了目标。实际上，面对婚姻带来的正面完美的同时，还要承受背面的真实；婚姻有时让你感觉良好，但有时也会使你感到糟糕。无论怎样选择，都有遗憾。但如果深谙选择的秘诀，主动发现和接受，懂得感情投资的种种规律，就会知道谁是那个最好的。

与一般投资行为不同的是，婚姻这种投资需要持续地付出。也就是说，这种投资不仅意味着你需要选择投资的对象，还包含你投入的多少。对大多数人而言，这种投入包含了作为一个妻子（丈夫）对家庭、丈夫（妻子）的责任、义务和付出。一般而言，投入越多，收益越大，这是无可非议的事情。当婚姻面临困境的时候，就是需要加大“投资量”的重要时候。当然，有些人却在这时放弃了投资，那么，就只能眼睁睁地看着这段婚姻失败。

我们结婚的目的不是为了离婚，因此，即使存在诸多不稳定的外因，我们的选择还是要尽量慎重。两个人一旦结婚，面临的情况就无比复杂。如果希望有最大的收益，那么，对待所有的问题，选择“投资的对象”，选择“投资量”，以及判断“投资的成效”时，我们都应该真诚。

不要对完美的男人过于期待

几乎每个女人都幻想过自己的理想伴侣，即使目前和自己生活在一起的这个男人与其相差十万八千里，她仍然希望这个男人是自己想象中的那样。

刘婕是一个美丽温柔、学历高且收入不菲的女人，自然有其理想中的“完美情人”。她说：“我不喜欢总是坐在办公室的男人。我的他必须具有叛逆精神，富有创意，与众不同，浪漫，有品位；他还必须会弹奏吉他，重感情而非金钱；当然，他首先应该没有那些令人讨厌的嗜好，这就是我梦中的白马王子。”

很多人说这样的男人已经不存在了，但刘婕却真的找到了自己的白马王子，她所列出的上述一切条件他都符合。

可是没过多久，刘婕心里就开始不高兴了，因为他30岁了，仍然习惯于和一帮朋友混在一起，无意寻找一份固定的工作。更加让刘婕气愤的是，他们在同学生日聚会上相聚时，刘婕让他换上那身高级西装，但他坚持要穿夹克，任凭刘婕怎么说，他硬是不听，这让刘婕非常生气。他对刘婕的气恼大惑不解：“刚才我还很优秀，怎么转眼之间就变成‘犟驴’了？她真的喜欢我吗？”

在现实生活中，不止一个女人像刘婕这样，在一刻之间，觉得几近“完美”的“白马王子”变成了讨厌的家伙。在你身边有很多这样的人：你可能认为自己的女邻居福气好，遇到了一位体贴的男人，他照顾孩子、做家务，任劳任怨，可是如果你仔细思考一下，也许会发现他的脑子里除了老婆、孩子、房子之外，空空如也；那个让你大为惊叹、口若悬河、出口成章的好友的男友，却被她抱怨说素质和品位太低；你的男人地位很高，对你百般娇纵，但你却怪他经常不回家……在现实生活中，永远也找不到完美无瑕的男人。

女人美梦中的理想伴侣只是她一厢情愿的想法。当你想在现实生活中让自己的美梦成真时，总会发现这样那样的缺憾，一个人既有优秀的品质，也有令人讨厌甚至痛恨的反面，它们就好像一枚钱币的两面，谁也无法将它们分开。如果你希望自己的男人是完美的，那么，该是你变得现实的时候了！

每一个女人都梦想着自己的丈夫能够成为完美情人。女人深爱她的男人，觉得有必要帮助男人成长或成熟，于是想让男人更绅士，改进他的想法和做法，改掉那些让人讨厌的缺点。这种一厢情愿的改造，是男人对女人的最大抱怨之处。男人会对这种善意的行为奋力反抗，拒绝她的批评和建议。不过，女人应该知道，男人排斥的往往并不是女人的需求和愿望，而是她对待他的方式。即使她的出发点无可挑剔，也必须寻找非常有效的方式，选择让他感觉舒适、温暖的措辞，恰当地表达内心的愿望。只有当男人感觉女人欣赏他，信任他，认为他是善于解决问题的人，而不是女人眼中的“问题”时，他才有可能接受女人的批评和建议，接受她的“改造”。

当自己的渴望得不到满足时，女人就会感到很失望，这就是很多妻子面对丈夫的缺点和错误时，往往选择抱怨、唠叨或是咒骂的原因。当然，这种不理智的行为并没有效果。如果她只知道一味地责备男人，那么，就会让他倾向于抵抗，即使他明明知道自己错了，也依然不愿意改正。结果往往是，尽管她是出于善意考虑的，但换来的却是无休止的争吵或者离婚。其实，女人不妨多给男人一些鼓励，只有给予男人足够的同情、宽容和谅解，他才会感激她，转而想改掉那些缺点。

客观地看待男人的毛病和错误是很重要的，没有必要因为男人的一些小毛病和男人针尖对麦芒。当男人的一些行为真的引起众怒时，也请不要立即责备他。女人应该先让自己冷静下来，然后理智地分析一下，也许那时候可以找到更好的途径。如果她对他表示出理解和同情，那么，就有可能让他主动改正错误。

实际上，在很多时候，所有这些问题都在于心态，如果女人心态正常，不对男人期待过高，就不会那样严格地对待丈夫；而且，如果能换个角度看待，说不定男人的缺点就会变成优点了。如果她总是盯着丈夫的缺点看，久而久之，便只能看到他的缺点。

不要用自己的意志左右男人

女人和男人相处时最常犯的错误，是希望他们摒除之前的生活特性，完全按照自己期望的方式做出反应并采取行动。生活中，女人总是苛刻地要求男人，比如，告诉男人不要把东西到处乱放，让男人帮助自己做家务。男人常常误解女人的需要，因而很难让女人满意。一旦她们的要求得不到满足，她们的心情就会变坏。尤其是恋爱时间长了之后，她们觉得男人总是独自忙碌，对女人的需要太不关心。于是，男人和女人之间往往发生冲突，甚至发展到难以收拾的地步。

当女人感到有压力的时候，她们渴望向男人倾诉。她们需要的是男人的理解和支持，并不需要男人帮助她们解决问题。而男人减轻压力的方法与女人不一样，他们通过解决问题缓解压力。因此，当女人向他们倾诉的时候，他们总是积极地想出办法解决。这就会导致一种不可避免的结果：男人尽心尽力地帮女人解决问题，但是女人感觉自己没有得到应有的关心，双方必然发生冲突。

从全新的角度看待男女双方的差异，双方的交流和沟通就会变得更顺畅。如果男人能够尊重女人的需要，在适当的时候帮助女人，那么，双方就能和谐相处。如果女人对男人的思维方式和行为模式有了正确的认识，就不会把心思放在那些她们得不到的东西上，而是把精力放在那些自己能够得到的东西上，那么，她们的烦恼就会少很多。

女人常常抱怨：

他总是把东西到处乱放，我在后面跟着整理。

当我想向他倾诉的时候，他要么心不在焉，要么给我提出很多解决问题的办法。

他一点都不关心我，他白天工作，回家之后不是看电视，就是睡大觉。

我一整天都在处理家务，照顾孩子，他回家之后却怪我很多地方没有做好。

他过去对我温柔体贴，总是给我制造浪漫，但是现在除非他有求于我，否则就根本不管我的事。

当我忙里忙外的时候，他总是坐在那里看电视，从来不为我分担。

只有我主动提出请求，他才会帮助我，他不明白我的真实需求。

我认真打扮之后，他好像从来没有就注意到过，真希望他能称赞我几句。

除非他想和我行房，否则他很少主动和我亲热。

我白天也要上班，下班之后还要收拾家务，为什么他不能帮我做些事呢？

男人和女人有不同的感受，他们也对女人的反应产生了很多抱怨：

她们总是有做不完的事，为什么不能坐下来休息一会儿呢？

她总是期待我明白她的心里所想，我怎么知道她在想什么？

当我给她出主意的时候，她总是提出各种问题，我真是自找麻烦！

当我想休息的时候，她总是叫我干这干那。

她总是抱怨，总是小题大做，总是感情用事。

她总是念念不忘我过去的错误，经常提起。

当我希望休息一会儿的时候，她抱怨我不和她交流，我真不明白有什么需要交流的。

当我和孩子在一起的时候，她总是告诉我不要这样，不要那样，我不希望她告诉我应该怎么做。

我帮她做了很多事，可她仍然不满意，我真不知道她需要的是什么！

她要么抱怨工作太累，要么抱怨挣钱太少，我不知道该怎么做。

女人总想改变男人，这是女人的通病。她们希望男人陪她们聊天，希望男人帮助解决所有问题。女人白天上班很辛苦，下班后还要承担母亲和家庭主妇的责任，她们需要男人给予理解、支持和帮助。她们希望男人在家庭以及情感关系中承担起与她们同等的责任，但是，这并不意味着男人需要改变他的本质。男人下班之后希望妻子送给他们一个温情的拥抱，准备好可口的晚餐，并把家里打理得井井有条，还希望当他提出性爱要求的时候，她们能主动积极地满足他的需求。与其说这是大男子主义，不如说这是人类几千年的历史所形成的传统习惯。

男女平等并不意味着男人和女人之间没有差异。女人没有必要为了取得事业的成功而放弃女性的特质，把自己打造成一个铁骨铮铮的女强人。女人应该正视自己与男人之间的差异，承认对方的本质属性和内在需要，以宽广的心胸理解对方为自己提供的一切。如果总是期望男人按照自己的需要行事，那就太不切实际了，希望必定落空。只有真正认识到彼此有很多不同，男女双方的情感才能更加亲密。认识到这些差异之后，女人就不会再强迫男人做出改变，反而对双方的差异产生兴趣。

爱一个人应该爱他本来的样子，接受他的本来面目，而不应该期望他做出各种改变。男人天生不同于女人，他们的一些特性是他们天生就存在的。俗话说“本性难移”，如果总是期望男人做出改变，那不是自寻烦恼吗？当然了，这里说的特性是指男人想问题、看事物的方式，而不是指吸烟、酗酒、赌博等恶习。

不要认为只有性爱才能俘获男人

在男女关系中，性总是吸引人的重要方面，对于男人来说尤其如此。因此，很多女人在感情面临问题的时候，常常寄希望于用性爱俘获男人。她们认为，只要吸引住男人的身体，就能抓住他们的心。于是，她们不惜打破传统的女性保守印象，在男女的性生活中扮演主动者的角色，然而，这种俘获男人的方法有时却不牢靠，起不到任何作用。

在大多数情况下，女人不应该直接表达对性的渴望，尤其当它并不是你的真正需求时，或者当你只是把它作为吸引男人的一种手段时。如果你打算引起男人的兴趣，就需要改用你的风度、你的思想和你独特的灵魂。如果做到这一点，那么，你们就能在相处时感到很甜蜜。你表现得越有女人味，你就越性感，也就越能吸引你的丈夫。

为了证明你在两性关系中有较多的性别优势，请把你们之间的对比制造得更加强烈些，当然，这并不仅仅包括性爱方面。习惯用性引起男人兴趣的女人们，通常会降低自己的“女人味”，吸收男性主动的特点，以此吸引男人。虽然你穿着打扮很具吸引力，但是你必须要知道，矜持也是女人性感的一部分。如果女人在性方面过于主动，不仅会大大降低新鲜感，而且还降低了性别对比度。

当然，并不是说女人在性生活中不能主动，只能一味地作为接受者，而是说女人不能总是处于主导地位。偶尔的主动也许会使男人更高兴，但是如果过于频繁，甚至总是如此，男人就失去了表现机会，还会因自己处于从属地位而不开心。他可能认为，女人的这种行为，无非是想掌控婚姻生活。很明显，当他感觉到这是女人的要求时，他不会表现得很积极，而是变得漠不关心。因此，这并不能改善你们之间的关系。

还有一个我们不能忽视的事实是，尽管必要的性生活让男人感到身心愉悦，并且从中感受到爱情，但是，这里有一个前提，即出于自身需要。当女人把男人有外遇当作感情出轨的有力证据时，男人的回答通常是："我并不爱她，那只是肉体关系。"这种回答让女人觉得不可理解，因为她不相信存在没有爱的性。可是，或许这种行为是错的，但事实上他说的却是实话。对于女人来说，爱和性是交织在一起的，性和爱是一回事。但是，男人却倾向于分开爱和性，尤其当他认为自己是在履行"职责"的时候。男人的大脑具有把爱情和性分离并分别应付的能力，在划分之后，他一次只能看到一件事情。即使他对这种"肉体关系"感觉良好，并被深深地吸引，但是对男人来说，性是性，爱是爱，虽然有时它们同时发生。因此，女人用性吸引男人的做法，在很多时候是无法奏效的。

把握倾诉的度

当女人和男人建立亲密关系之后，她们总是没有任何隐瞒地告诉他自己的所有感受，把他当作无所顾忌的宣泄对象，并希望得到他的关怀和理解。亲密的夫妻关系确实可以给女人在情感上带来很大的满足感，但是，这并不意味着可以和伴侣分享一切。如果女人期望男人理解自己的所有感受，满足自己的所有需要，她就一定会失望。

女人认为结婚之后，夫妻双方应该无所隐瞒，无话不谈，不管有什么想法和感受，都应该告诉对方。她们甚至认为，把一切都告诉对方是对对方的尊重和信任。尤其是当女人受到不良情绪困扰的时候，特别希望向丈夫倾诉，希望得到他的关怀和安慰。

事实上，妻子无所顾忌地向丈夫宣泄自己的情绪，对于促进两人关系并没有什么好处。在婚姻关系中，双方应该尽量把自己良好的一面表现出来，这样才能保证情感获得长久的生命力。如果妻子总是向伴侣抱怨，那么，她在丈夫心中的形象就会越来越差。

很多女人的婚姻之所以遭遇失败，就是因为她们无所顾忌地向丈夫宣泄自己的情绪，想到什么就说什么，把丈夫当成发泄的对象。也许开始的时候，丈夫还能忍受，还会安慰她、开导她，但是时间久了，丈夫就会感到自己成了女人指责和发泄不满的对象。一旦他们感到压抑，就会试图逃离这种关系。

有人说“婚姻是爱情的坟墓”，一个重要的原因就是结婚之后，两个人天天在一起，彼此太熟悉了，于是两个人不足的地方越来越明显。有些女人认为既然他愿意娶我，就应该接受我的一切优点和缺点，包括偶尔宣泄不良情绪。她们不再考虑如何制造浪漫的气氛，忘记了当初的情景。在恋爱的时候，女人见男人之前总要精心打扮一番，和男人聊天的时候，力求表现自己温柔、可爱的一面，从来不在他面前发脾气，更不会把男人当作发泄对象。结婚之后，女人失去了往日的温柔、可爱，变成了整天唠唠叨叨的怨妇，因此，男人经常指责女人爱唠叨。唠叨的唯一结果就是损害夫妻双方的关系，女人越爱唠叨，感情就越容易冷淡。

男人也需要有人体贴和关爱。如果女人总是无所顾忌地向男人宣泄自己的情绪，却不考虑对方的需要，对待丈夫的态度还不如对待一个陌生人，那么丈夫对她们就会越来越没有感情，逐渐疏远她们。所以，即使是在爱人面前，也要考虑对方的感受，不要想到什么就说什么。

女人的情绪波动比较大，当她们心情非常不好的时候，确实需要向人倾诉。她们需要向丈夫表达自己的感受和想法，但是没有必要把想到的感受全部说出来。女人如果想宣泄内心的全部感受，可以养成写日记的习惯，把自己的坏情绪写在日记上。或者，可以找几个好朋友、能够提供支持的女性团体、情感问题专家或心理治疗专家进行交谈。

也许有的女人会说，为什么朋友能够非常耐心地对待她的宣泄？ 那是因为她的感受和想法与朋友没有直接的关系。 朋友只要倾听她诉说，并表达一下同情和关心就可以了，他们回家之后就会忘记女人的烦恼。 但是，丈夫听完女人的倾诉之后，则会想办法帮她解决问题。 他们不知道女人只需要理解和关心，而不需要他们想出解决问题的办法。 当男人对女人提出解决方案的时候，通常会遭到女人的排斥和拒绝。 但是，男人无法总是处于消极、被动的地位，因此，如果女人不停地向男人宣泄负面情绪，男人就会感到烦躁、恼火。 所以，女人有消极情绪的时候，最好的方式就是找朋友倾诉。当女人把消极情绪释放之后，她们就更容易与伴侣交流积极的情绪以及愿望和需求。

在开始的时候，男人可能会对女人的负面情绪表示关心，但是时间久了，他们就会感到恐惧和不信任，这将导致夫妻关系的紧张乃至产生冲突。 夫妻间彼此自由和感到安全，才是亲密关系的保障。 妻子应该给丈夫适当的体贴和关心，而不是回家之后就向丈夫倾诉自己一天的遭遇。

要想避免感情出现问题，女人就应该知道什么时候说什么，注意说话的内容、语气和方式，而不是向丈夫倾诉自己所有的想法和感受，这有助于男人认真倾听女人说话。 妻子只有把握好倾诉的度，才能维系良好的夫妻关系。

婚姻中切勿虚荣

女人太过虚荣，受苦的常常是男人。虚荣的女人爱在别人面前吹嘘自己的老公多么有本事；讲究吃穿和排场，喜欢在亲朋好友面前吹嘘；自作主张替老公答应一些他根本就没有能力解决的事情，从而将男人陷于进退两难的境地……虚荣的女人对非常重要的社会事件漠不关心，却非常关注自己周围的事情，看到邻居家买了一台跑步机，她就想：我一定要买一台超豪华型的；看见中意的时装，第二天如果在街上看到别的女人已经穿在身上，并且光彩照人，她就会感觉很难受，一定要抽空把那件时装买回来不可。

女人虚荣的时候，就是男人最无地自容的时候，因为女人的虚荣心伤害了他们的自尊心，让他们抬不起头来。

娶了一个爱虚荣的女人，男人只有两条路可以走，要么硬着头皮配合女人的虚荣，要么无视女人的感受，只做自己应该做的事情。无论男人最终走向哪条道，其结果都只有一个，即让婚姻变得不幸。

男人虽然也有一定的虚荣心，但理智的男人大部分选择做适当的事，只做自己能力范围之内的事情。理智的男人不会太把女人的虚荣放在心上，他们通常认为，女人因为虚荣耍点儿小脾气是正常的，很快就会过去。但是，当他们发现女人因为太虚荣而一味抱怨时，就会觉得女人一点儿也不可爱了，从而对女人失去兴趣，开始对她置之不理，当然，也可能与女人分道扬镳，从此形同陌路。

让男人永远都硬着头皮配合女人的虚荣是不现实的，别说男人做不到，男人的自尊也不允许他们总是这样委屈自己。当男人厌倦了女人，女人也开始对男人感到不满时，一场婚姻危机就随时都可能爆发了。不管这场婚姻危机最后会不会导致婚姻的破裂，都必然使婚姻出现裂痕，使夫妻间的关系蒙上阴影。

从表面上看，似乎是男人破坏了原本“和谐”的婚姻，但究其根本，这一切都是因为女人过度的虚荣。

有些女人虚荣心作祟，盲目攀比，强迫丈夫变强大，好让自己活得“尊贵”，希望自己的丈夫飞黄腾达，而且越快越好。这种过分的虚荣，势必使那些并非“财大气粗”的男人精神紧张，不堪重负。

幸福的婚姻需要两个人共同构建，只有男女双方在婚姻中都得到自己想要的，才能让婚姻持久、幸福美满。男人需要有一个善解人意的好女人，这是男人拼搏和奋斗的动力。

第八章

关于婚姻的忠告

让婚姻更牢固的五大秘诀

目前社会的离婚率远远超过以往任何时候，大多数人对白头偕老的“黄金婚姻”已经不再抱希望了。确实如此，两个行为方式、思维方式，以及其他方面都有太多不同的男女结合在一起，共同生活长达几十年之久，要坚持下来的确不是一件容易的事情，必须战胜诸多艰难险阻。但是，如果学会控制婚姻的秘诀，那么，你就能将婚姻的艺术发展到至高境界，自然就不会有离婚的问题。

要想让婚姻的纽带更加坚实，你可以参考以下秘诀：

1. 差异吸引

使男人和女人最后相聚到一起的是吸引力，而吸引力的丧失，正是导致许多婚姻失败的罪魁祸首。就像磁铁的正极和负极永远互相吸引一样，男女之间相互吸引，最重要的原因是男人和女人的差异。因此，如果男人可以持续他的雄武阳刚之气，女人则保持其阴柔秀美之质，那么，他们就可以在婚姻中保持长久不衰的吸引力。

在正确处理差异所带来的冲突的前提下，不能否定客观存在的自我差异，这样我们才能保持持久的吸引力。相反，为了取悦另一半而丧失自我，最终只会置感情于死地。在现实生活中，女人更容易为了获得男人的欢心而放弃自我，使自身的吸引力越来越弱。毫无疑问，只有当女人完全体现出自己的阴柔之美时，才对男人最具吸引力。

当然，这种吸引力并不仅仅指身体上的吸引。实际上，在有感情的基础上，我们对自己伴侣其他方面的好奇和兴趣会与日俱增。我们会惊异地发现，我们对伴侣与自身的行为、感觉和思想等方面的差异，仍然很感兴趣。当然，其前提在于一直让感情充满新鲜，这样才能使差异发挥作用。在此前提下，我们可以运用新的婚姻关系技巧做出些许变化，使自己与自己的性别特质更加相符，不断地丰富自我的内在。通过这种丰富，我们可以进一步挖掘潜在的自己，从而产生持续不断的吸引力。

2. 变化和成长

新鲜感往往只能保持一段时间，与此相对的是，许多人都不会主动改变，因而无法提供源源不断的新鲜感，这也是很多婚姻受挫的根源所在。与同一个人一起生活几十年，朝夕相处，耳鬓厮磨，如果不能不断地推陈出新，就无法培养新鲜感，索然无味的感觉会与日俱增。所以说，新鲜感对婚姻的双方都是至关重要的，也是保持双方吸引力的重要环节。保持新鲜感的重要方法，是不断变化和成长，让对方永远充满期待和惊喜。

孩子们的身体发育能够让人感到一日一新，与此相通的是我们的精神和感情也应该与日俱增。然而遗憾的是，人们的婚姻关系总是不自然地束缚夫妻的成长，最终导致婚姻双方的关系逐渐变淡。

许多女人在潜意识中，以为爱自己的伴侣就意味着整日厮守不分，她们并没有意识到，整日厮守会使婚姻关系平淡无味，毫无神秘感。实际上，每天生活在两人的空间里，人们容易变得沉闷，而与其他的朋友相处，或者单独参与其他的活动，则可以给婚姻关系带来新鲜元素。

女人唠叨日常琐事，常常使男人感到乏味，男人关注的是重要的事。尽管对于女人来说，不断变化谈话的方式和内容非常困难，但只有这样的倾听和分享，才不再是令男人感到厌烦的事，反而变为增进情感的重要方式。

没有激情的婚姻关系会阻碍夫妻的成长，从而让婚姻变得更加乏味。已婚男人如果感受不到尊重，就不会继续成长，并且渐趋于保守。他可能会莫名其妙地认为回到家中就不开心，与妻子的关系越来越疏远，行事的主动性也大为下降，他对日常事务的处理，则越来越刻板和一成不变。

习以为常的惯例也是让感情变淡的重要因素之一。尽管按惯例办事会让你得心应手，但不时地打破惯例却是有益的。事实上，有时做点新颖的事可以让人耳目一新，而几乎所有打破常规的努力，都会带来意想不到的效果。

3. 需要和依恋

男人和女人因为相互吸引而走到一起，但是两人结合往往更多考虑爱的需要。如果感受爱的过程令人感到不安，自己的需求并没有从对方那里得到满足，感情自然就会立即减淡。一旦女人失去使男人愉悦的能力，她的感情很容易就会受到控制；如果女人感受不到倾诉情感的安全，她也会压抑自己的感情，关上心灵的大门。不管是女人还是男人，不断压抑其感情，久而久之，在他们心灵的周围就会筑起一道围墙。

恋爱开始时，你能够渐渐地享受到爱，因为对方总是想尽办法满足自己的感情需要，那时，压抑感情的心灵围墙并没有阻隔你们的心灵。而一旦那堵围墙彻底隔断了你们的内心，爱恋的情感就不复存在了。每当我们尽自己的努力满足对方的需求时，就像将这道围墙的一块砖挪走了，这会使一小束感情之光射入我们的心灵，让我们感到满足。通过彼此间成功的交流和相互间的满足，那道围墙一定会被慢慢击垮，感情之火将再次熊熊燃起。

很多夫妻在结婚之后开始趋向"务实"，认为对物质的需要比任何东西都重要，他们完全忽视了对方的真正需求。实际上，只有彼此了解相互间的需求，并尽力满足对方的需要，才能最深切地体验相互间的感情。如果你需要的正好是对方可以给你的，那么，需要和依赖就会开启感情的闸门。相互间越满足，你们便越信赖彼此，感情关系也就坚不可摧，因此，请学会满足对方的感情需求。

4. 个人的责任和自我解除烦恼

很多人在结婚之后，倾向于把所有问题都推到对方头上。当他感到不快乐时，对方总是成为他推卸责任或抱怨的对象。由于自己不开心而责怪伴侣，无疑是一个不明智的举动。尽管我们希望自己的伴侣像父母一样疼爱我们，不计回报，但是，这种期望无异于感情的杀手。对方的确可能对你付出无私的爱，那你便要做到别无他求。

我们内心的烦恼应该由我们自己平复。心中感到不快时，应该自我安慰。切记，女人期望男人慰藉她们，那是过高的期望。如果你不是自己做出改变，而是依靠对方改变，那么这种依赖越甚，你的偏执也越甚。如果在你感到很开心时，对方做了一件让你扫兴的事情，由此而生的烦恼也应该你自己平复，责怪自己的伴侣是一种错误的举动，它只能让你的不快雪上加霜。

当女人觉得失去耐心时，不要要求男人不断地做出改变，也许对方正在不断地给你所需要的支持。你所应做的是，不必强求自己的伴侣改变，而要更多地注意改变自己的态度。如果你对自己的伴侣心生怨恨，那么，你就很难接受或者原谅他的不足。当你无条件地爱自己的伴侣时，双方的爱恋就会加深。要永远记住，尽管已经结婚，但你的问题仍然是你的问题，需要你自己解决。

5. 自主和乐趣

很多不幸的婚姻通常都是因为牺牲自己的个性或兴趣爱好，当然，尽管男人在很大程度上也愿意牺牲自己，但是女人却更容易这么做。为了适应男人、避免冲突，或者为了维护婚姻外表的安稳，女人总是做出这样的举动。

当产生消极的感受时，女人总是克制它。这么做，表面上看来值得敬佩，然而却是不可取的。如果一个女人关心男人，却又不让他支持自己，那么，她实际上是在伤害婚姻关系。因为，只有当男人真正满足女人的需求时，他才能在婚

让婚姻牢固的秘诀

差异吸引

如果男人可以持续他的雄武阳刚之气，女人则保持其阴柔秀美之质，那么，他们就可以在婚姻中保持长久不衰的吸引力。

需要和依恋

只有彼此了解相互间的需求，并尽力满足对方的需要，才能最深切地体验相互间的感情。

自主和乐趣

真正健康的婚姻关系，是夫妻双方如同朋友一般，也就是说，他们总是知道在自主和依赖之间保持平衡。

姻关系中保持激情。如果女人愿意为婚姻关系牺牲自己，或许女人会觉得两人关系能维持平静的状态，但是感情之花却很快就会枯萎。

真正健康的婚姻关系，是夫妻双方如同朋友一般，也就是说，他们总是知道在自主和依赖之间保持平衡。假如你不过分依靠男人，承担起自己的责任，那么，当对方无法满足和帮助你的时候，你也能自己解决和克服困难。

夫妻关系绝不能突破的底线

夫妻关系正常，才可能有幸福感，也才能让各自的父母与子女生活在一种较为舒心的环境中。但有时，不是冤家不聚头，这夫妻间免不了吵吵闹闹，或是隔三岔五地弄出点事儿来，但有的夫妻吵闹一辈子，却也能白头偕老，而有时从来不吵闹的夫妻却会意外地出现危机，走到尽头。这说明吵闹并不一定就会动摇夫妻关系的根本，而不吵闹的夫妻也并不一定就不会突破夫妻关系的底线。夫妻的言行一旦突破关系的底线，就会立即亮起红灯，甚至以离婚收场。我想，夫妻关系应当有这样五条底线，不可突破。

1. 不能动手打人，否则会危及婚姻

夫妻之间，男人是体力上的强者，如果动手打老婆，一定会把感情打入谷底，女人承受不了，就会提出离婚。即使女人最后勉强原谅了对方，但在之后的感情上始终有一道伤疤。特别是男人一旦动手，在今后的感情生活中，有时冲动了就会再次动手，直到动手成了习惯，再多的感情也会被打没的。男人对待感情时，不能因体力上的优越就动粗，即使两个人的关系完全破裂，也不能向对方动粗。还有一种观点认为女人打男人不一样，后者能够让男人变得清醒，有时还是一种教

育，这也是错误的，同样会伤害夫妻关系。

2. 不可让婚外情公开化，否则玩完的是婚姻

夫妻一方有婚外情，但是对方不知道，或是不能肯定，夫妻间的关系或许还可维持，特别是对于那种并不想离婚，而只想寻求一点婚外浪漫的人来说，婚外情不一定会导致夫妻关系破裂。但如果一方把婚外情公开化，无疑就是直接挑战婚姻了。这时，另一方是绝对不能容忍的。

3. 不能骂对方的亲人，否则只可增恨

夫妻间打打闹闹，有人说：打是喜欢骂是爱。但到底是什么，只有夫妻双方自己知道。骂对方不一定很致命，但不管因为何事产生矛盾，不可以骂对方的亲人，特别是对方的父母，这比直接骂对方更恶劣，让对方难以接受。因为中国人最讲孝道，夫妻间作为没有血缘但却最亲近的人，如果一方骂了对方的父母，一定让对方感到愤怒，可能立即就抽骂人者的耳光。

4. 不能让父母来解决夫妻矛盾，否则会激化矛盾

夫妻之间出现矛盾，本来就是夫妻间的事，但如果夫妻间一有事，就对自己的父母添油加醋，让长辈来掺和夫妻间的事，特别是利用自己的父母来给另一方施压，时间长了，一定让对方感到严重不适，或是自尊心受到伤害，最后让夫妻关系走到尽头。因此，发生矛盾时拉亲人掺和，夫妻间的矛盾不仅不能解决，往往容易恶化，严重的

还可能导致离婚。

5. 不能对一方采取监控，否则适得其反

真抓住了对方把柄，可以逼对方改正，或作为离婚的证据，但多疑是夫妻间的大敌，有时，本来有些感情，但多疑就会让心灵扭曲，做出一些让对方受不了甚至发狂的事来。比如去伤害怀疑对象，或是利用各种手段监控对方的隐私。这种行为一旦出现，会让夫妻关系变得异常紧张。如果不想离婚，这样做就是没有必要的。

别让爱像一个夹子

在公司一直默默无闻、平平常常的张力，新婚之后突然出了名，因为他找了个出色的妻子。他的妻子名叫宫菲，不仅人长得很漂亮，而且还有一副甜美的嗓音。这一点之所以为大家所熟知，主要是因为宫菲经常打电话到公司找张力——“请问，张力在吗?”那声音甜甜的、飘飘的，甚至还有点麻酥酥的，有一种能穿透心灵的魔力。

时间久了，就有人幽默地说：“听了宫菲说话，再回家听自己老婆说话，真是伤心极了!”大家时不时地拿张力寻开心，用尖细的嗓音模仿宫菲的声音：“请问，张力在吗……”弄得张力脸红红的，心里却美滋滋的。有张力在，办公室里经常会爆发出一阵愉快的笑声。

作为一个新婚伊始的丈夫，张力简直幸福得昏了头。宫菲太爱他了，在生活上、身体上和感情上，宫菲都把他照顾得无微不至。有好吃的省给他吃，有好穿的省给他穿；只要他有点不舒服，她就吃不好睡不稳；只要听到他打个喷嚏，她就立刻跑出去买药，不管刮风下雨。而且，宫菲还和他黏得如胶似漆，好得鱼水难分。他爱看足球，只要是市里体育场有球赛，他就急疯了，不去看简直就不能活。宫菲却最不愿看足球，但为了陪伴丈夫，每场球赛她都寸步不离地陪着他去体育场。只要是能留在丈夫身边，她即使是毫无兴趣地坐在看台上，哪怕遭受风吹雨打、烈日暴晒，也绝不喊冤叫苦。

但是渐渐地，张力的这种幸福就变成了恐惧，因为他觉得妻子的这种爱虽然专心专注，但也专制专横。这种爱简直就是一把无所不在的铁钳，时时刻刻地卡住他的行动自由，他完完全全地成了一个被爱得死去活来的“囚徒”。妻子对他的爱太充足了，充足得犹如走火入魔。他离开她哪怕一分钟，她都会紧追后边问：“什么事?”或者“怎么了?”她总以为自己是关心爱护，却没意识到她的口气再温柔亲昵，但毕竟带着审查盘问的意思。

慢慢地，张力在潜意识中与妻子隔开了一段距离，产生了一种情感上的逆反，一种不领情的抵抗：抵抗其无微不至的关怀，抵抗其分秒不差的爱，也抵抗其凡事必究的好奇心和占有欲。

有一天，张力在喝酒中途突然跑出去，几分钟后又快速跑回来，宫菲照例认真地问他怎么回事，这一次张力一反常态：“就是不告诉你。”略停了一会，他才半开玩笑地说道：“昨天和一个女孩约好，今天中午 12 点在门前拐角处见面。这不，刚接了一个吻就回来了。”其实，张力只是出去买了一包花生米。

事后，张力对宫菲坦诚告白：“平常在外面，本想和朋友聚会，可一想到你的习惯，马上就兴味索然。老婆，你知不知道，你的过分关怀几乎令我窒息，你的火热般爱恋都快将我烤焦了……”这话令宫菲顿感不妙，她可不想因为自己的爱而使丈夫不快乐。反躬自省，宫菲赶紧向丈夫保证：“从现在开始，我会给你一片爱的‘自留地’，任你自行耕耘，以保证你拥有婚前一样的身心自由。”“真的吗?”张力感激地将妻子拥进怀里，“宝贝，好好给我当太太吧！这个地位已经够尊贵的了，何必还要费力不讨好地兼职当保姆呢?”

从此，即使张力下班回来后不主动向宫菲汇报一天的活动详情，她也不再追根究底地去问个清楚明白，她会收敛起无穷的好奇心，忍住天生的猜疑和嫉妒心，以保持丈夫的自主权和自己的自尊心。宫菲现在真正明白了一个道理：男人心本来就是一个一眼望不到边的世界，除非他主动展示给你看，否则，匆匆地偷窥，只能看到一团模糊的云；而且，如果男人不是心甘情愿地投降，那么就算是缴了他的枪，说不定他怀里还暗藏一把匕首呢！

宫菲的思路越想越清晰。于是，她开始注意起自己对丈夫的言谈举止，她可不想一个人人称羡的幸福家庭却成为丈夫的“鸟笼”。对于一个家庭来说，“鸟笼”是个感情极端，若没有鸟笼，他也不会去梦想自由的天空；但是，给他全部的自由后，他反倒想钻进笼子里待一会儿或睡一大觉，这是个辩证原理。

终于有一天，张力在客厅踱来踱去，最后忍不住说道：“奇怪，你怎么不问问我最近都干了些什么了?”宫菲很高兴：“我当然想听，但不包括你不想说的那些。”

就这样，宫菲“以退为进，以守为攻”，以静默的尊重，终于赢得与丈夫共享秘密的权利。

有时，张力也会很奇怪地对妻子说：“我真不知道，为什么要对你说这些琐碎的事情，而且还毫不厌倦，这到底是为什么？”宫菲却明白，这是因为虽然她不再像个侦探一样紧紧盯着他，但人都是需要倾诉的，男人也不例外。家是一个坚固的堡垒，夫妻是那堡垒里的“守护神”，如果有什么事，连亲密至夫妻这样深的关系都不方便讲，那真是个沉重的包袱。所以，倾诉是必然的，如何让其倾诉才是需要巧妙安排的。

在传统的婚姻观念里，爱就要亲密无间，爱就是形影不离，唯有如此，才会爱得如火如荼、如胶似漆。于是，走进“围城”内的男男女女全神贯注、全力以赴、全心全意地爱着，充满着爱的精力和爱的劲头，用满腔如火爱意、如水柔情将心爱的人牢牢缚住，使之动弹不得。可是，这样犹如洪水猛兽的爱情却常常将伴侣们呛得发昏、淹个半死，使其焦头烂额、心惊胆战。此情此景，还有何爱情的甜蜜可言？

倡导相爱的夫妻们应拥有各自的独立空间。距离产生美，这种说法不无道理，因为它对保持高质量的婚姻生活有很大益处。现代人已经在压力中学会了怎样调节生活，怎样享受生活，每个人在结婚前都已经拥有了各自的生活空间以及自身适应了的生活状态，如果在结婚后便迅速剥夺了对方的自由空间，久而久之就会产生平淡、厌烦的情绪，觉得爱情越来越没有生机，令人窒息。所以，相爱的两个人，如果能拥有各自的私人空间，给爱一片“自留地”，一定会对爱情起到很好的保鲜作用。拥有了各自的私生活，会使两人都保持一种自由的状态，有一种宽松的心境，使各自的兴趣、情趣不会互相干扰，这样，既有了爱的相守，又让爱展现了“距离产生美”的情境，使夫妻对方对彼此多了一份牵挂，使爱情中的寂寞与厌倦悄然而去，保持了婚姻的最佳状态。

但是，婚内的距离也要有一个限度，超过了这个限度，婚姻就会疲劳甚至夭折。因此在倡导自由的同时也要遵循一些原则。

1. 奠定坚实的爱情基础

要拥有自由，首先要把握好夫妻两人的感情生活，为自由空间的存在奠定一个坚实的爱情基础。

你要随时想到你所拥有的自由空间之所以能在婚姻生活中存在，是双方彼此尊重、彼此信任的结果，绝不可喜形于色，让爱人觉得保持各自的距离是感情危机的隐患。

两个人在相处的过程中，不要为了保留私人的空间，而忽略了必要的情感沟通。如果个人的空间留得越来越大，一方得到满足的同时，可能就会令另一方感觉受到了伤害。两人之间一旦产生一些误会、猜疑，时间久了，脆弱的情感就会不堪一击，甚至酿成悲剧。

2. 拥有很强的自控能力

要想保留一份纯洁而自在的私人空间，你必须拥有很强的自控能力。

你要明白独立空间的存在是为了更好地保护爱情，为了更好地去爱，在爱人不在身边的时候，一定要规范自己的言行举止，以免造成不必要的误会。

另外，如果一方的自制能力不强，把对方对自己个人空间的尊重当成借口，在外搞婚外情，就会对婚姻造成难以弥合的创伤。

3. 懂得分享的无限乐趣

如果想保持一种良好的婚姻状态，双方就一定要懂得分享的乐趣。

虽然各自拥有互不干涉的空间，但也不可忽视爱人在现实生活中的存在。因为这份空间毕竟只是你生活中很小的一部分，更多的时候还要两人相处。这时候不妨与他共享一下可以分享的一些趣事，慢慢地你就会发现生活不再枯燥了。

4. 充分表现对生活的重视

在日常的生活中，要学会不失时机地表现出对二人生活的重视。

在有权保留各自独立空间的生活中，要更热情地对待繁忙的家务，更努力地对待你们的生活，为爱情生活带来更多的活力。

夫妻虽然同在一个屋檐下，彼此间有了一份承诺，但在情感上若能做到依赖与独立的统一，则少了一些苛求，多了几分容忍。捆绑的绳索松了，自在的快乐跟着就来了。

家丑莫要外扬

现代生活中，有不少的夫妻，家中一旦发生了什么事，妻子就免不了找人诉说一番，或倒倒委屈，或说说幸福，以博得别人的同情或羡慕，求得心理的畅快和满足；丈夫也会不由自主地当众发发牢骚，好像自己愁苦得不行。这种诉说与抱怨往往是无意之中以出卖夫妻隐私为代价，等到大祸临头时，自己恐怕还闹不明白究竟怎么回事。

家庭隐私是一个家庭独有的秘密，是家庭中不容外人了解的独特的东西，无论是丑的、有缺陷的，还是美的、甜蜜圆满的，无论是夫妻隐私还是财产机密，都有一个共同的特征：不宜告人，不宜公开。所谓“家丑不外扬”，正是人们对待家庭隐私的一般心理：是花，开在自家园中；是刺，刺痛我自己。保守家庭隐私是尊重自己和他人、尊重家庭成员人格的表现，有助于维护家庭的根本利益和实现婚姻的幸福和谐。

1. 自我尊重，自我反省

家庭隐私的外扬主要不是来自外界的侵犯，而是因为内部保密措施不够严密，或者由于疏忽，或者由于无意，口无遮拦，和盘托出，把不该宣扬的家庭秘事公之于众。所以，自我尊重、自我反省是重要一环。即使夫妻之间的矛盾无法排解，请人评说时，也不可毫无保留，因为说者无心，听者有意的事情是屡见不鲜的。

2. 相互尊重，相互信任

在家庭隐私与个人隐私之间，界限是很模糊的，关系更为微妙，有时似乎是个人的事情，泄露出去的却可能是整个家庭的秘密，出卖的是其他家庭成员的感情、人格与尊严。时间长了，就容易激化矛盾。爱人会想，既然你在外人面前把我说得一无是处，那我也不给你留面子。这样，最后不是留下后患，就是成为别人的笑柄，无异于搬起石头砸自己的脚。

保守家庭隐私，需要学会相互尊重、相互信任，学会理智和忍让，意气用事只会使家人伤心，让自己尴尬和难受。

3. 拒绝昭告，无须“外援”

有些夫妻，家中一有矛盾发生时，就会请来邻居、亲戚、朋友参与其中，希望借助“外援”击败对方。实际上，把夫妻矛盾“昭告天下”是一种很不明智的行为，“外援”的加入不但于事无补，反而会弄巧成拙。在二人世界里，很多是是非非是说不清道不明的。夫妻间产生矛盾时，请“外援”帮忙或如盲人摸象，不得要领；或似火上浇油，越劝“火”越旺；或是隔靴搔痒；或是雪上加霜，其结果往往是越弄越糟。

当然，我们无意否定“外援”帮助与调解的作用，但是这种作用不应当仅限于评判问题的是非曲直，更不应当仅仅是给予一些无关问题解决的劝慰，而是应当为夫妻双方解决问题提供可资借鉴的方法、途径。外部的力量能够起到一定的作用，所谓“当局者迷，旁观者清”，外人的确能够帮助分析问题，出谋划策，但问题的最终解决还是要靠家庭成员自己。

4. 诚恳交谈，寻求改善

家庭中一旦产生纠纷，其主要的解决力量来自家庭内部的自我力量，即家庭成员之间相互理解、信任、宽容以及家庭成员的自我反省与行为修正，尤其是夫妻之间的情绪、心态以至习惯等的相互调适。所以，问题发生时，夫妻之间不妨开诚布公地谈谈，告诉对方你的苦恼、你的意见以及希望，征求一下对方对你是否有不满，他是粗心疏忽了你的感情，还是另有原因。诚恳的交谈，会给你提供帮助。

寻求婚姻质量的裁判不必以出卖家庭隐私为代价。“裁判”在每个男女的心中本来就已存在，它或许是彼此之间有过的珍贵的情感，或许是一种昼夜厮守的默契，或许是短暂的分离中深切的思念，或许是一种道德观念，也或许只是一种曾经彼此习惯了的约定，或者干脆只是一份夫妻双方都应该具有的理解与宽容！

没有回应的爱让人痛苦

婚姻是夫妻两个共同拥有的，婚姻的幸福是彼此的，只有丈夫或妻子感到幸福时，他的另一半也才能真切地感到幸福。

爱也是如此，是双向的，夫妻之间有一种“镜子效应”：妻子对丈夫笑，她便会从丈夫脸上看到满足和幸福；反之，丈夫对妻子也是一样。要知道，男性和女性在心理上都有很脆弱的一面，婚姻像个细瓷碗，要轻拿轻放；婚姻是棵缓慢生长的珍贵植物，需要耐心地浇灌施肥，不要让它经历太多的酷暑严寒。

有位丈夫体谅到妻子做家事的繁杂与无聊，对妻子说，每个星期六下午放妻子四小时假，由丈夫来看小孩，而妻子可以在这四小时当中逛街、美容、看书、探望同学朋友等，做任何她高兴做的事情。

这个丈夫的做法是聪明的。他不仅不认为女人必须做永远做不完的家务事，他更体会到让妻子高兴也就是使自己快乐的最好的方法。妻子有了每周四小时的自由时间来调剂，平时家事做得更顺心与尽力，对丈夫的体贴更是满怀感激与爱意。家庭并没有因放假而大乱，反而更有效率、更有气氛。更重要的是，夫妻之间的主动关怀，才是彼此为对方着想的绝佳状况，这种婚姻才能长久。为对方做一件事，当然自己会受点苦，或需花一些钱，但这是最小的投资，而且必然有最好的回报。

付出了真切的爱，却没有得到相应的回报，是婚姻中一件最令夫妻痛苦的事。无论丈夫还是妻子，在付出时都渴望“镜子效应”的出现，当你的另一半对你表现出爱意时，切记一定要在尽可能短的时间内，也去温柔地回报他(她)，哪怕只是一句暖人心肺的话。

理想化婚姻的三大误区

将婚姻看得过于理想化，是造成不幸婚姻的又一个根源。常见的理想化婚姻观存在三大误区：

（1）爱攀比。有这么一个有趣的现象：在家里，女人可能很少夸她男人的长处，而几个女人凑在一起，却可以大谈自己男人的好处。女人回到家里，常对男人说某某家又怎么样了，自己不甘心，也给男人施加压力。有时看着言情电视剧里的丈夫对妻子如何体贴，还要回头看自己的男人一眼。女人的攀比心是明白显露的。男人也存在攀比心理，别看他不露声色，背地里却铆足劲儿想超过妻子周围女人们的丈夫。女人把攀比挂在嘴上，男人则把攀比落实在行动上；女人攀比常常有口无心，男人攀比却常常会使坏。

忽视了自身的条件而盲目攀比，是不明智的。更何况，大树有大树的欢笑，小草有小草的乐趣。大树固然可以炫耀它占有空间的能力，小草也可以庆幸免遭风折的命运。人群中最多的是普通人，普通人过普通的生活，其实是最幸福的。

（2）重统一。常常听女人对自己的男人说：“你想的就是跟我不一样。”其实，什么事都要一样，那结婚干吗？一个人过就是了。世界上绝没有两片完全一样的树叶，更何况最丰富、最复杂的人的思想呢？家庭中的大事情，夫妻双方当然要取得一致的意见，至于鸡毛蒜皮，还是不要太讲究一致为好。事实上，家庭矛盾的起因，常常不在大事上，而在那些不起眼的小事上。所谓求同存异，说来容易做起来难。如果能够在多数事情上都做到相同，自然是非常好的，可是有不同也不能因此便认为自己的婚姻不幸福。事实上，相异有时比相同好，因为相异才可以互补，而强求一律有时难免导致阳奉阴违，反而不好。

（3）无争吵。结了婚的人告别热恋时的幻想，本应是很自然的。热恋时想象婚后的生活，一定会相亲相爱，甚至重话都不说一句，但这只是幻想。两个不同的人结合在一起，能没有矛盾吗？一个家庭里，争吵是绝对免不了的事。正确的婚姻幸福观，不应将“无争吵”作为一个目标。争吵是缓冲矛盾的“弹簧”，是家庭地震的“减震器”，有不满，发泄了就好，积怨日久，一旦爆发反而不可收拾。生活中平日口碑很好的夫妻，一夜之间令人咋舌地离了婚的故事，我们不是没听说过。争吵有它积极的功效，将争吵的后果看得过于严重，耿耿于怀，久久不放，那才是最有害的。

追求理想，是人的天性。这种愿望挺美好，只是现实是残酷的，明白这点，对于一个家庭的和睦大有裨益。

最伤夫妻感情的不良习惯

婚后的平凡生活不同于恋爱时的风花雪月，柴米油盐酱醋茶等琐事经常会使婚后的夫妻少了一分甜蜜，多了几分现实的压力，很多不良习惯就会成为夫妻吵架的导火索。其实，这在男人看来很正常，但是女人就会为此喋喋不休，要是正巧赶上两人心情都不好，一场“恶战”就在所难免了。

中国自古就有“男主外，女主内”的传统思想，而且这种思想在男人心里似乎留下了根深蒂固的印象，于是有些大男子主义倾向严重的人就会认为：家务事就应女人干。但是新时代的女性不这么认为，她们不仅要在职场上与男人一决高下，平分秋色，更要在家庭生活中取得与男人一样的地位。

素云与老公都在私企上班，两人工作都很忙。素云是典型的中国式贤妻良母，由于心疼丈夫，她每天一下班就急忙赶往菜市场，然后火速回家做饭，以便丈夫回到家能够在第一时间吃上晚餐。自己虽然工作也特别辛苦，但是看到丈夫和孩子吃得好，自己就心满意足了。最近素云的公司要做一个新项目，所以经常加班，即使周末也不例外，本想着丈夫能在周末做一下家务，为自己做一顿晚餐。可加完班回到家的素云，一进门就怒火攻心，桌子上摆满了未洗的碗筷，地面到处是食品袋，而丈夫却躺在沙发上看着球赛，喝着啤酒，看见她回来，就问今晚吃什么？素云压抑的怒火自然就爆发了。

男人通常抱有这样的想法："扫天下者，何须扫一屋"，再加上不愿意、不擅长做家务，时常是起床之后不叠被子，进门之后衣服乱丢，要是自己一个人住，可能臭袜子几天不洗……这些懒丈夫的坏习惯，时间一长，妻子就会难以忍受，于是就成为不少夫妻吵架的导火线。

1. 厨房是夫妻吵架的多发地

千万别小看厨房这个弹丸之地，它常常会成为夫妻吵架的导火线。据英国《每日邮报》报道，很多女人都不喜欢丈夫做饭时或者做饭之后将厨房弄得一团糟。

有人把厨房看成是家庭的心脏，它的存在使家更像家，同时很多矛盾也会因它而起。喜欢做饭的男人，通常不喜欢打扫"战场"，于是就留下一片狼藉的厨房给妻子，妻子收拾厨房的时间一长，自然就会心生不满。

2. 男人不承担家务会引发家庭矛盾

调查显示，男人下班回家之后，只需完成三样工作：一是玩电脑游戏；二是约朋友吃饭聊天；三是喝酒应酬。相对男人而言，下班回家的女人最少要完成五样工作：购物、做饭、洗碗、洗衣服、熨衣服等。

多数有孩子的家庭，在孩子睡觉之后，七成男人会坐下来看电视或者打游戏，而绝大多数女人会打扫房间、洗衣服或准备明天的早餐。很明显男人在享受，女人则在继续劳作，女人自然会对丈夫心存不满，以致抱怨之声迭起。

挺过爱情休眠期

爱情休眠状态是指夫妻双方彼此持否定态度，夫妻生活充满危机。

为了防止爱情休眠时夫妻双方或者一方做出将来会后悔的抉择，必须学会在“爱情寒流”到来时，恰当地对待自己的另一半，度过爱情休眠期。

（1）不要一味幻想伟大的爱情。一些人由于对家庭生活缺乏足够的理解和思想准备，因而在夫妻感情发生危机时，幻想被失望所代替，于是更换配偶，以寻求“永恒”的爱情，其结果反而害苦了自己。

（2）改正自己的缺点。有意识地改变自己来调适夫妻关系比试图改变对方来得更有效。如不反省自己，久而久之，对方会觉得你难以寄予希望，爱情休眠期会变成危险期。

（3）主动承担责任。主动表示歉意，做出让步，是明智的做法。它可以使对方内心受到感动和软化，并能使对方也开始让步。

（4）让爱情充分休息。以友善、宽容和理解的态度对待对方的任性，尽可能创造条件，使对方有独处的时间。如果相互不愿见到，那就找个恰当的借口离开几天，彼此暂时回避一下，喘喘气或许能把爱情唤醒。在低潮期，与其徒劳无益地为彼此的关系忧虑，不如乘机从事一些自己喜爱做的事情，暂时让双方“冷却”一下。

（5）保持积极向上的生活情趣。在低潮期来临时，一些原来固有的嗜好和活动，可能会失去吸引力，因此必须设法发掘新的兴趣，扩大活动领域，找寻一些新鲜、具有刺激性和挑战性的事去做。要保持对婚姻生活的积极态度，相信沉闷期只是短暂性的，迟早会雨过天晴，要有信心与耐心沉着应对；把社交活动扩宽，使生活圈子更富色彩，对度过低潮期有极大的帮助；保持幽默感，别太为生活感到忧虑，越是忧虑越会使情况变得难以忍受。心情轻松一些，多一些欢笑，自然可打破闷局，冲破困境。